U0085784

世紀人物100

文壇頑童

馬克・吐溫

林麗雪　著

三民書局

獻給孩子們的禮物

主編的話

　　世界上最幸福的孩子 ， 是他們一出生就有機會接近故事書 ， 想想看 ， 那些書中的人物 ， 不論古今中外都來到了眼前 ， 與他們相識 ， 不僅分享了各個人物生活中的點滴 ， 孩子們的想像力也隨著書中的故事情節飛翔。

　　不論世界如何演變 ， 科技如何發達 ， 孩子一世幸福的起源 ， 仍然來自於父母的影響 ，如果每一個孩子都能從小在父母親的懷抱中 ， 傾聽故事 ， 共享閱讀之樂 ， 長大後養成了閱讀習慣 ， 這將是一生中享用不盡的財富。

　　三民書局的劉振強董事長 ， 想必也是一位深信讀書是人生最大財富的人 ， 在讀書人口往下滑落的多元化時代 ， 他仍然堅信讀書的重要 ， 近年來 ， 更不計成本 ， 連續出版了特別為孩子們策劃的兒童文學叢書 ， 從「文學家」、「藝術家」、「音樂家」、「影響世界的人」系列到「童話小天地」、「第一次」系列 ， 至今已出版了近百本 ， 這僅是由筆者主編出版的部分叢書而已 ，若包括其他兒童詩集及套書 ， 三民書局已出版不下千百種的兒童讀物。

　　劉董事長也時常感念著 ， 在他困苦貧窮的青少年時期 ， 是書使他堅強向上 ， 在社會普遍困苦 ， 而生活簡陋的年代 ， 也是書成了他最好的良伴 ， 他希望在他的有生之年 ， 分享這份資產 ， 讓下一代可以充分使用 ， 讓親子共讀的親情 ， 源遠流長。

　　「世紀人物 100」系列早就在他的關切中構思著 ， 希望能出版

孩子們喜歡而且一生難忘的好書。近年來筆者放下一切寫作，接下這份主編重任，並結合海內外有心兒童文學的作者共同為下一代效力，正是感動於劉董事長致力文化大業的真誠之心，更欣喜許多志同道合的朋友，能與我一起為孩子們寫書。

「世紀人物100」系列規劃出版一百位人物故事，中外各占五十人，包括了在歷史上有關文學、藝術、人文、政治與科學等各行各業有貢獻的人物故事，邀請國內外兒童文學領域專業的學者、作家同心協力編寫，費時多年，分梯次出版。在越來越多元化的世界中，每個人都有各自的才華與潛力，每個朝代也都有其可歌可泣的故事，但是在故事背後所具有的一個共同點，就是每個傳主在困苦中不屈不撓，令人難忘的經歷，這些經歷經由各作者用心博覽有關資料，再三推敲求證，再以文學之筆，寫出了有趣而感人的故事。

西諺有云：「世界因有各式各樣不同的人群，才更加多采多姿。」這套書就是以「人」的故事為主旨，不刻意美化傳主，以每一位傳主的生活經歷為主軸，深入描寫他們成長的環境、家庭教育與童年生活，深入探索是什麼因素造成了他們與眾不同？是什麼力量驅動了他們鍥而不捨的毅力？以日常生活中的小故事，來描繪出這些人物，為什麼能使夢想成真。為了引起小讀者的興趣，特別著重在各傳主的童年生活描述，希望能引起共鳴。尤其在閱讀這些作品時，能於心領神會中得到靈感。

和一般從外文翻譯出來的偉人傳記所不同的是，此套書的特色是，由熟悉兒童文學又關心教育的作者用心收集資料，用有趣的故

事，融入知識，並以文學之筆，深入淺出寫出適合小朋友與大朋友閱讀的人物傳記。在探討每位人物的內在心理因素之餘，也希望讀者從閱讀中，能激勵出個人內在的潛力和夢想。我相信每個孩子在年少時都會發呆做夢，在他們發呆和做夢的同時，書是他們最私密的好友，在閱讀中，沒有批判和譏諷，卻可隨書中的主人翁，海闊天空一起遨遊，或狂想或計畫，而成為心靈知交，不僅留下年少時，從閱讀中得到的神交良伴（一個回憶），如果能兩代共讀，讀後一起討論，綿綿相傳，留下共同回憶，何嘗不是一幅幸福的親子圖？

2006 年，我們升格成為祖字輩，有一位朋友提了滿滿兩袋的童書相送，一袋給新科父母，一袋給我們。老友是美國國家科學院院士，曾擔任過全美閱讀評估諮議委員，也是一位慈愛的好爺爺，深信閱讀對人生的重要。他很感性的說：「不要以為娃娃聽不懂故事，我的孫兒們一出生就聽我們唸故事書，長大後不僅愛讀書而且想像力豐富，尤其是文字表達能力特別強。」我完全同意，並欣然接受那兩袋最珍貴的禮物。

因為我們同樣都是愛讀書、也深得讀書之樂的人。

謹以此套「世紀人物 100」叢書送給所有愛讀書的孩子和家庭，以及我們的孫兒——石開文，他們都是世界上最幸福的孩子，因為從小有書為伴，與愛同行。

在接受簡宛姐邀稿時，我對馬克‧吐溫的印象，還是相當膚淺。只認為他是《湯姆歷險記》和《頑童流浪記》兩本兒童名著的作者，以及美國人家喻戶曉的幽默大師。但是，在寫作的過程裡，我發現他其實是一個比一般人想像的更深沉、更複雜、也更重要的人物。

馬克‧吐溫不只是上述兩本書的作者，而且是美國人的偶像——個白髮蓬鬆、白八字鬍、白西裝、手拿煙斗、眼神總像煞有介事、言語諷刺幽默的人。他不但比當時的美國總統有名，而且被他的摯友郝爾思稱讚為「美國文學界的林肯」，更贏得一代文學大師海明威所謂「美國本土文學的開路先鋒」的美譽。在他一百五十歲冥誕時，研究馬克‧吐溫的專家倪達爾以「美國幽默界的莎士比亞」來尊稱他。

自 1947 年起，就有一位叫作郝伯克斯的美國人，開始以模仿馬克‧吐溫秀出名；到 1967 年，他甚至登上全國電視網連播了好幾季「馬克‧吐溫之夜」的滑稽劇，收視率很高。1995 年，也就是馬克‧吐溫環遊世界旅行演說的一百年之後，有一位美國退休教授庫博爾重新循著他的舊日足跡，坐船、火車和汽車，而不是坐飛機，用整整一年的時間，去體會馬克‧吐溫當年的旅遊經驗。此外，直到今天，馬克‧吐溫的代表作《湯姆歷險記》和《頑童流浪記》還經常

名列在世界各國中學生的必讀書目中。由此可見馬克・吐溫的魅力，沒有因為時間或空間的改變而褪色！

　　在馬克・吐溫一生七十五年的歲月裡，由於交通工具的限制，旅遊並不是一件稀鬆平常的事。可是他的足跡卻走遍美國的所有主要地區，並且旅遊世界各大洲凡十三年，還橫跨北大西洋至少二十五次。他不但有自己的家庭妻女，還先後當過排版印刷工人、舵手、軍人、礦工、記者、幽默演說家、作家、出版家、編劇家、專利發明家、慈善事業家等，並且還與當代的許多政治、經濟和文化界要人結有私交。他的著作豐富，包括三十本小說和遊記、幾百則短篇小說和散文，還有旅遊世界所作的演講稿，以及與家人親友往返的書信等。

　　由於他的閱歷多、交遊廣、觀念新、入世深、寫作生命長，加上他經常對急速演變中的美國社會現象和道德作評論，他的一生及其作品，簡直就是美國 19 世紀史的縮影。如何把這樣一位多才多藝的世界級作家，在有限的時間和篇幅裡，介紹給遠隔重洋的國內青少年，對我是一個極大的挑戰。

　　馬克・吐溫的第一部傳記，是出自他十三歲的女兒蘇西之手。到目前為止，美國的出版界恐怕至少有數十本分量懸殊、重點不一的馬克・吐溫傳記。而且馬克・吐溫自己在生命的最後五、六年裡，也曾刻意以聽寫的方式寫自傳。可惜到他去世時，他不但未說完一生的真實故事，而且還留下幾千頁未整理的文稿。

　　這樣豐富的文學生命，絕不是受惠自他小時候恨之入骨的短暫

學校教育，而是來自他那好冒險、願嘗試的個性，正如頑童哈克所說的：「我所想要的就是到隨便的一個地方去；我所想要的就是變化；我並不要什麼特別的東西！」他從十七歲開始就遊走四方，儘管住所和職業一直在改變，但是隨時發揮敏銳的觀察力、並記下有趣的人物與事件的好習慣，卻始終不變。這些記錄下來的經驗都一一成為他日後寫作的靈感與題材。中國俗語說「行千里路，勝讀萬卷書」，用在他身上可真是再恰當不過！

　　馬克‧吐溫生前演講時，向來喜歡自我介紹，而不假他人。而且他認為人只有在死後，才能無所顧忌的說真心話。他更囑咐自傳得等到他死後一百年才能出版。如今馬克‧吐溫已去世快一百年，因此我就讓入了土的馬克‧吐溫用他那風趣幽默的方式，向你述說他自己一生的故事，以及他個人的生活經驗與作品的關聯。

　　年輕的朋友們，我要特別提醒大家一件事：當大家看到馬克‧吐溫變成地球上最受矚目的人時，他自己其實正腳跨兩個截然不同的世界，在錯綜迷離的自我認同夾縫裡掙扎，比如名譽與家庭的選擇、幽默與痛苦的分界、渴望成功與恐懼失敗、痛恨資本主義卻又追求財富、挑戰《聖經》卻又不能完全否認上帝等。

讀馬克・吐溫傳記，最重要的工作就在於分辨這兩種完全不同的性格，瞭解他語言的天賦和他那富有哲理而又絕對誠懇、常帶幾許痛苦卻又令人笑得捧腹的幽默，體驗他生命中痛切的悲劇和失落，同時了解他如何勇敢的挑戰自己和世人，一手創造了美國的本土文學。

寫書的人

林麗雪

臺灣大學中文系學士和碩士，美國南卡羅來納大學圖書館與資訊科學碩士。曾任教於臺灣大學中文系、美國科羅拉多大學東方語文學系、南卡羅來納大學延長教育中心。現任職於南卡州哥倫比亞市的一所公立圖書館。

旅美期間她特別著力於多元文化的推動，除了在圖書館作各種節目，介紹異國文化給一般社區人士之外，還經常撰稿介紹美國的社會文化和風土人情給中國讀者。

但是她最大的興趣，是將與中華文化或華裔家庭有關的英文兒童文學介紹給《世界日報》的讀者。每次圖書館的兒童新書未上架以前，她就迫不及待的要先睹為快。有好書就立刻寫書評與讀者分享。

此外，她還著有《董仲舒》、《抱朴子內外篇思想析論》、《王充》等書。其中《王充》一書曾榮獲 1992 年僑委會海外學術論著獎。

文壇頑童

馬克・吐溫

目次

◆ *1*　快樂童年　2
　　我的出生地　2
　　小男孩的樂園　5
　　漢娜堡的白木屋　11
　　逃學曉課　15
　　頭號書迷　18
　　黑奴朋友　22

◆ *2*　窮小子大學　28
　　印刷學徒　28
　　嚮往旅遊　33
　　流浪的印刷工人　36
　　勤練寫作　40

◆ *3*　河上歲月　44
　　拜師行船　44
　　「馬克・吐溫」的由來　50
　　逃過鬼門關　53
　　船上大學　56
　　河上生活寫實　57

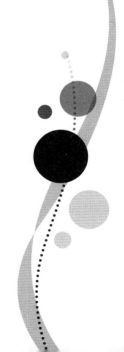

◆ *4*　西部甘苦　*61*
　　　民兵遊戲　*61*
　　　西域發財夢　*66*
　　　記者生涯　*69*
　　　跳蛙的故事　*74*

◆ *5*　天真旅客　*78*
　　　首次公開演講　*78*
　　　夏威夷的聯想　*84*
　　　天真旅客出國記　*87*

◆ *6*　鍍金年代　*94*
　　　唯一的羅曼史　*94*
　　　定居哈特福　*98*
　　　甜蜜的家庭　*105*
　　　音樂與我　*112*
　　　創作的高峰期　*113*
　　　自我陶醉　*120*

◆ *7*　彗星殞落　*122*
　　　科技發財夢　*122*
　　　環球演講　*130*
　　　走出債務　*132*
　　　失去至愛　*138*
　　　博士袍與白西裝　*140*
　　　臨終的告白　*141*

　　　附　錄　*151*

世紀人物 100

馬克・吐溫

1835～1910

1

快樂童年

　　我是 1835 年 11 月 30 日，在密蘇里州蒙羅縣的一個不起眼的小城 —— 佛羅里達出生的。……這個小城只有一百人，我使它的人口增加了百分之一 …… 歷史上從沒有一個人有這般能耐 —— 即使是莎士比亞也不例外。但是我為密蘇里的佛羅里達城做到了，而且我想在其他的城 —— 就算是倫敦 —— 我也可能做得到。

—— 摘錄自《我的自傳》，1906年

我的出生地

　　我馬克‧吐溫，本名山姆‧朗宏‧克林孟斯。為了追隨劃空而過的哈雷彗星，提前兩個月在 1835 年 11 月 30 日的晚上，降生到密蘇里州佛羅里達鎮的克林孟斯

家。

我還記得當時安德魯‧傑克森正擔任美國第七任總統，而美國西部和南部都仍在開發中，所以密西西比河以西就已經算是美國偏遠的邊疆地帶了。同時，美國政府軍也正忙著攻打佛羅里達的西密娜兒族印地安人；汽船和火車才剛成為最先進的交通工具，而那些叫汽車和飛機的玩意兒連影子都沒有。

我父親約翰和母親珍恩都有英國貴族的血統，他們在1823年結婚。兩年以後搬到田納西州，生了五個孩子，又花四百元買下十萬畝土地。1835年初夏，他們追隨母親的姐姐珮琪和姐夫廓樂思，搬到前景看好的密蘇里州西北部的佛羅里達城。而我就在這年年底出生，排行老六。兩年半以後，我唯一的弟弟亨利也出生了。不過因為當時密蘇里州生活

條件不夠好、醫藥不夠發達、傳染病又多，家裡的七個孩子，只有大哥歐立昂、大姐潘蜜拉、小弟亨利和我順利長大成人，其他三個都沒活過十歲。

我們一家人初搬到佛羅里達城時，生活很稱心如意。父親除了幫助姨丈照顧商店以外，還當起了社區的領導人物以及法庭推事*。可惜他所推動的兩個開發佛羅里達城的計畫都沒能實現。於是四年以後，我們又搬家到三十五哩外的漢娜堡去開闢新天地。

雖然父親總是不苟言笑，也很少和我們小孩子溝通，但是他這種勇往直前的精神和置產投資的野心，留給我很深刻的印象。

放大鏡　　*當時美國有許多小城採用巡迴法庭制，法庭推事人員則由地方上有聲望的人擔任，處理一些民事小案件或當證婚人，不是真正的法官，也不需要法律學位。

我母親的個性正好與父親完全相反。她總是精神奕奕，喜愛熱鬧、刺激和新奇的事物；整天期待遊行、演講、聚會、露營之類的活動，而且從來沒錯過鎮上任何一個喪禮。她愛唱歌、跳舞，更愛說故事。她腳邊還經常圍繞著十九隻大大小小的貓。我不但繼承了她這些特質和嗜好，而且還繼承了她那一頭又粗又多的紅髮。

小男孩的樂園

我們家搬到漢娜堡時，我只有四歲。每個夏天，我們一家人都會回到姨丈在佛羅里達城的廓樂思農場避暑，因此佛羅里達城也是我童年記憶裡很重要的一部分。在我後來寫的《湯姆歷險記》和《頑童流浪記》中出現的聖彼德堡，就是漢娜堡和佛羅里達城的綜合體。

　　廓樂思農場是我心目中的仙境樂園。我和自己的兄弟姐妹，還有姨丈與姨媽的八個孩子，以及一、二十個黑奴玩伴，在一起採草莓、摘核桃、取楓糖漿等，好玩極了！農場裡有個特大號的壁爐，冬天生火時，燒過的山胡桃木會滲出香噴噴的糖漿，我們用手指沾著吃，那可真是一大享受！

　　夏天時，我們喜歡站在籬笆旁，看躺在土路上納涼的蛇。如果是響尾蛇，我們就打死牠；如果是黑蛇那一類移動得很快的蛇，我們就逃命為先；如果是無害的小蛇，我們就抓牠回家，放到珮琪姨媽的針線籃裡，然後等著看她驚叫的模樣。

　　母親和珮琪姨媽一樣對野生動物沒有親切感。有時我從山洞裡抓到蝙蝠，放在口袋裡，然後跟母親說口袋裡有個東西要送

她。母親總是不疑有他的伸手去拿，然後嚇得花容失色。我就喜歡如此捉弄人，而這種惡作劇在母親和姨媽的身上幾乎屢試不爽！

農場附近有一個長好幾哩的山洞，裡面有許多狹窄陰森的小通道和住滿蝙蝠的洞穴，像迷宮似的互相交錯。有一次，有一半印地安血統的喬在山洞裡迷了路，若不是靠吃蝙蝠肉充飢，他恐怕早就餓死在洞裡了。此外，有個醉鬼也曾困在山洞裡一個星期，最後還是從離入口好遠的山頂小洞伸出手帕，才終於獲救。

我自己和一個女孩也曾在洞裡迷路，怎麼也找不到出口，直到最後一根蠟燭快燒盡時，才被人救了出來。我把以上這些經驗綜合起來，就成了《湯姆歷險記》裡受困山洞和洞底掘寶的兩段情節。不過，我在故事裡讓喬

餓死在山洞裡，卻讓湯姆和他的小女朋友循著那個醉鬼的方法，勇敢的從山頂小洞重見天日——這部分是小說家的想像力和創造力！

我童年時，密蘇里這個偏遠地帶，醫療設備還相當不發達。如果不是緊急大病，人們通常不會選擇看醫生，而是仰賴年長婦女的祖傳祕方。這些草藥祕方，既難吃又有奇怪的副作用。因此，每當我得吃藥時，我常偷偷的把它灌入地板裂縫裡，有次還拿它來餵貓，貓吃了之後，在屋子裡翻滾打轉，然後瘋了似的跳出窗戶，把窗臺上的花盆全打翻了。母親又氣又憐，終於不再勉強我吃那叫人五臟俱焚的奇怪草藥。

長輩們總是說，我小時瘦弱多病，在七歲以前幾乎全依賴這些草藥祕方才活了下來。後來當

母親八十八歲時，我很好奇的問她：「我小時候身體不好，是不是叫你很擔心？」母親說：「是啊！我沒有一時一刻不擔心。」我繼續追問：「你是擔心我活不了？」母親停了半晌說：「不是，我是擔心你真的活了下來！」

　　有一次我偷吃了母親做的果醬，母親正要揮起鞭子打我時，我忽然大叫：「啊！危險！媽媽，你看背後！」媽媽嚇了一跳，連忙回頭。我趁機拔腿就跑，一溜煙就不見了蹤影。有時在夜裡，一聽到玩伴假裝貓叫，我就偷偷摸摸爬窗出去，和他們到樹林裡摸黑閒逛，到天亮前才又爬窗回到房裡，然後假裝生病不上學。諸如此類的調皮搗蛋事件，常讓母親哭笑不得！

　　不過，我始終認為在幾個孩子裡，母親其實最喜歡我。因為我弟弟實在乖到叫人覺得無聊，

如果沒有我的調皮搗蛋，媽媽的生活哪裡會有樂趣和活力？

漢娜堡的白木屋

我們在漢娜堡的新家是一棟兩層樓的白木屋，周圍有一道木柵白圍牆。有次我太調皮，被母親罰粉刷圍牆，刷了沒幾下，就開始覺得無聊透頂，尤其看到其他的小孩都在附近嬉戲，更恨不得立刻丟下油漆筒和刷子，去和他們鬼混。可是我不能再犯錯惹罵了，因此心生一計。

我先假裝很愉快的邊唱歌邊漆圍牆，其他的小孩以為刷油漆很好玩，看得手指發癢，紛紛拿蘋果、糖果、魚鉤等好東西來和我交換油漆刷子，然後一個個排隊輪著漆牆。我則悠閒的邊吃、邊玩、邊欣賞。很快的，一大片圍牆就漆好了。後來，我神氣的回家向母親邀功，還得了母親的

讚美。＊

　　漢娜堡位在密西西比河畔，與伊利諾州僅有一水之隔。密西西比河不但是漢娜堡與外界溝通的主要管道，也是我們小孩最愛流連的地方。我們在河邊釣魚、放風箏、玩彈珠、游泳、打水仗，非常有趣！

　　我們更愛看汽船靠岸時的熱鬧景象。每次一聽到守在岸頭綽號「千里眼」的大嗓門黑人大喊「船來了」時，全城的人幾乎都湧向碼頭。有卸貨的、有上貨的、有看熱鬧的，頓時生氣盎然！但是一刻鐘以後，汽船駛離港口，全城瞬間回復一片死寂，彷彿什麼事也不曾發生過。

　　冬天河水結冰時，我們依舊

放大鏡

＊如今不但這棟兩層樓的木屋被保留成為古蹟，連這道有名的白圍牆也仍豎立在那兒，成為遊客觀光的焦點。每逢特殊節日時，遊客買張票，就可以親自嘗試漆牆的樂趣。有關單位甚至還曾請來畫家，畫一小塊富有創意的圖案在圍牆上，供人欣賞。

在河上玩樂，像是溜冰、丟雪球之類的遊戲。有一次，河面冰層破了，我有個同伴不幸跌入冰凍的河水裡。他雖然沒淹死，卻因而得了猩紅熱而喪失了聽力。其實，我自己也有九次幾乎溺死的經驗，母親說我像貓一樣有九條命。後來我的小說中，之所以常出現溺水和聾子的角色，也都是從這些經驗得到的靈感。

　　雖然在《湯姆歷險記》中，漢娜堡是兒童們理想中的樂土，但是漢娜堡也有它不安全和可怕的一面。這兒不但經常出現暴力和謀殺等可怕事件，而且傳染病也常常襲擊這個邊疆小城。我蹺課在外遊蕩時，曾親眼看到過謀殺案、人被吊死、黑奴被處私刑、囚犯被燒死獄中、溺斃的浮屍等可怕景象。這些經驗嚇得我常做惡夢，而且還在夢中胡言亂語。有時為了不在夢中洩漏機

密，我只好用布條綁住下巴。但是同房的弟弟有時會趁我熟睡時解開布條，偷聽我的夢話，然後拿來取笑我。

逃學蹺課

在我許多被傳誦的幼年事蹟中，最令人印象深刻的恐怕是「逃學蹺課」了。我不只沒有上過大學，而且只完成五年的小學教育。而這僅有的五年，又是在鄉下的私塾中度過的。在這種鄉下學校，通常只有一個老師負責教導各種不同年齡的學生。學校沒有足夠的教材和文具，學生也經常缺席。老師教學通常只重視死記、拼字、書寫和最基礎的算術。學生作業都是用粉筆寫在一塊石板上，然後擦掉再重複使用。

我恨透了這樣的教學方法，所以常常找藉口設法逃學。有時

假裝牙疼，有時假裝胃痛，有次甚至故意和長麻疹的朋友睡在一起去感染疾病。豈知那場麻疹險些要了我的命，而且也讓母親下定決心，送我去印刷廠當學徒，讓別人管教。沒想到這個學徒生涯卻因而奠定了我的寫作基礎，可不正是「一場麻疹定終生」嗎？

我逃學後不是到樹林裡玩山賊或海盜遊戲，就是脫光衣褲跳到河裡玩水。有一次，氣急敗壞的母親用線把我兩邊的襯衫領子縫在一塊，看我晚上回家時是否能保持原狀。我可是照樣脫衣下水，然後偷了針線，再把領子縫合起來。可是我錯用了不同顏色的線，所以逃學的事還是被揭穿了。

我自小崇拜海盜，常自認是海盜的後代。他們那些劫富濟貧、血書宣誓的花樣，一直讓我

神往。在《湯姆歷險記》中，湯姆、哈克、喬伊三個頑童有一次借個木筏並帶了些乾糧，躲到傑克森島去玩了三天海盜遊戲，然後在親友為他們舉行的追悼會中，理直氣壯的出現，導致一場叫人又好氣又好笑的鬧劇。這當然與我少年時代的經驗有關。

　　儘管我那麼討厭上學，但是在學校裡也並非一無是處。我為了得「最佳拼字」的獎章，好向同學炫耀，總是努力背誦各個單字的拼法。除了偶爾為討好女同學故意放水之外，我幾乎每個星期都得拼字獎章。這種拼字的本領對我後來學檢字排版的幫助很大，也讓我奠定了良好的寫作基礎。但我對算術就不怎麼精通，在《頑童流浪記》中，哈克的九九乘法表背得顛三倒四，那正是我的經驗之談。即使到成家立業以後，我對於數字、契約、法律

文件、建築藍圖等一板一眼的東西還是無法忍受。這恐怕也是我的投資事業老是虧損的緣故吧！

頭號書迷

我在學校裡還養成了一個很好的習慣——「酷愛閱讀」。我小時候的生活環境，沒辦法擁有很多書籍；但是我似乎讀遍了所能找到的任何書籍。譬如在主日學裡，小朋友如果能背誦五段《聖經》經文，便可以得一張點券，集夠了點券就可以向教會借書。我每個星期都乖乖的背五段經文，或用其他詭計去換取點券。然後捧著從教會借來的不怎麼精彩的書，邊念邊罵，讀得津津有味！我更得意的是，老師從沒發現我每個星期背誦的經文都是那同樣的五段！

我在四十歲時，立定主意要寫一本小孩、甚至連曾經是小孩

的大人都會喜歡的書，於是就寫了以行為不怎麼規矩的男孩為主角的《湯姆歷險記》。湯姆不止忽視權威，而且還常常製造麻煩。他的故事，其實是我和其他兩個兒時玩伴寶文和卡爾斯的綜合經驗。我希望每個讀者都能透過這本書，回憶起自己小時候的感受、想法和言行舉止，當然也不能遺漏那些調皮搗蛋的糗事。

　　大家都知道我的嗜好常在改變，可是我的閱讀習慣卻終生沒變。我年少時比較喜歡有冒險性的故事，比如海盜、印地安人、西部牛仔等。不管讀什麼樣的書，都一樣讓我有滿足感。至於第一本令我感動的書，則是我年少時在路上撿到的一頁《聖女貞德傳》。此後，聖女貞德的溫和純真、勇敢無私，一直是我最理想的女性形象。1896 年時，我費了許多精神研究歷史，非常謹慎

的寫了一部《聖女貞德回憶錄》，就是受到小時候所看到的這頁文字的啟發。但是這本一反我幽默風格的書似乎過於嚴肅，結果，反而沒有激起讀者太大的興趣。我只能感慨的說：我扯謊時大家信以為真，我說真話時卻沒人要聽！

　　較年長以後，我變得喜歡讀歷史和傳記，很少讀小說。讀書增廣我對世界的了解，也增進我對語言文字的掌握，更給予我學習的動機。這種嗜好，很可能得自母親的遺傳。母親直到去世的那一刻，對世界上的每一個人和每一件事都保持強烈的興趣。這種對萬事萬物皆有強烈興趣的個性，其實也正是我的本性。我寫作的題材有人物、歷史、科技、文學、語言等，幾乎什麼都包括了。

　　我喜歡觀察別人的言談舉止

和穿著體態，而且還擅長生動的描繪事物的細節。這種觀察力，在《湯姆神探》一書中就派上了用場。湯姆在偵察雙胞兄弟到底誰死誰活時，就是靠其中一人用左手指在臉頰上畫十字的習慣性手勢，來指證誰是死者，終於使案情大白。這種入微的觀察力，是我寫作時的一大法寶。

我十一歲半時，父親剛當選了法院書記。他卻因在大雪天為公事在外奔波，不幸感染肺炎而去世。為了負擔生計，我先是在寒暑假期間去商店打雜跑腿；不久以後又休學去當印刷學徒。但是學校生活的結束，反而是我真正學習的開始。在我的一生中，透過所做的工作、所遇見的人、所走過的地方和所讀過的書，我一直不停的在學習，而且一點也不厭倦。

黑奴朋友

我在童年時代，對黑奴制度沒有任何嫌惡。我根本不知道黑奴制度有什麼不對。我從來沒聽人議論它，地方上的報紙也從未反對過它。教會說神贊同它，它是神聖的事，有異議的人可以從《聖經》裡頭獲得心理的安寧。如果有黑奴私下對這個制度抱持疑問，那他必定是聰明人，所以也不會輕易吐露心聲。

姨丈的農場有一、二十個黑奴，都成了我的好朋友。其中使我記憶最深刻的，是一個中年的男黑奴，我們都喚他「丹尼爾叔叔」。他是那群黑奴中最有頭腦的人，而且為人誠懇、心地善良、不懂得狡詐。他那一肚子的鬼怪故事，加上繪聲繪影的描述，總讓我們又愛又怕，欲罷不能。最令我難忘的，是一個叫

「金手臂」的故事：「有一個貪婪的老人，他太太有一隻金手臂，夜裡會閃閃發光，害他老睡不著覺，他內心不停盤算這隻手臂會值多少錢。好不容易等到太太死了，老人迫不及待的偷跑去挖開墳墓，取下金手臂。當他抱著金手臂在陰森的黑夜裡走回家時，四周無人，卻依稀聽到一個從空中傳來的聲音，斷斷續續的呻吟著：誰—偷—了—我—的—金—手—臂？誰—偷—了—我—的—金—手—臂？……」

丹尼爾叔叔講到這裡，突然停頓。此時室內沒有半點聲息，他瞇著眼睛環顧四周，猛然抓住看起來最膽小的小朋友大叫：「就是你！就是你！」嚇得我們擠成一團，抱頭尖叫。這個故事後來常常成為我在講臺上的話題。觀眾的反應和我以前一樣歇斯底里，效果奇佳！說真的，我說故事的

本領，有好些是拜黑奴朋友之賜。

我不但把丹尼爾叔叔化身為《頑童流浪記》裡的黑奴吉姆，而且還讓他的聲影跟著我走天涯。我的每一本小說裡都有一個像他那麼有耐心、友善而忠誠的角色。愛屋及烏，從他那裡我學會珍惜黑人的優秀特質。這種感覺一直持續終生，我對黑人的喜愛，到老死時都不曾改變。不過，黑人與我彷彿是同胞，又彷彿不是。膚色和當時的社會風氣似乎在我們之間劃出一道無形的鴻溝。我們雖然和樂相處，但是彼此都知道真正的融合是不可能的。

我們家也雇用過一個黑奴小男孩，名字叫做山迪。他從東海岸被賣到西部的邊疆地區來，遠離了父母，非常孤單。他天真善良，但整天唱歌、吹口哨、喊

叫、笑鬧，有時吵得叫人心煩！有一次，我實在被吵得受不了，就去向母親抱怨，母親卻反過來訓了我一頓，她說：「山迪唱歌表示他沒有在惦記著家人，這樣我心裡還好受些。如果他停止歌唱，那他的心裡就很可能是在思念家人，這樣我心裡也會很難受。他被賣來離家鄉千萬里的地方，他這輩子可能再也見不到他的母親，我們不但不該阻止他唱歌，而且還應該鼓勵他。」聽了母親的這番話以後，山迪的歌聲和笑鬧聲再也不使我心煩了。

母親活到快九十歲，她一直很有正義感，常為一些不公平的事打抱不平。這種個性有好幾次都被我借用到創作中，像《湯姆歷險記》中的「波麗姑媽」，就是她的化身。其實，我自己也帶有這樣的人格特質！

大哥搬離密蘇里以後，公開

反對黑奴制度；但是當時我還年輕，分不清自己的立場，只覺得他們都是我的朋友。不過我在1876至1885年之間創作《頑童流浪記》時，特地將該書的時代背景倒退了五十年，回到南北戰爭之前黑奴制度仍然盛行的時代。我藉著這本書深入探討黑奴制度的真相，把這個制度所引發的痛苦、哀傷和種族歧視的傷痕，透過黑奴吉姆表達出來。此後，我也陸續發表一些短篇故事，描寫黑人的悲苦際遇和樂觀態度。＊不幸的是，這種揭發美國社會黑暗面的勇氣，幾乎等到我死後才受到真正的肯定。

放大鏡

＊馬克·吐溫在 1874 年發表 《一個真實的故事》，寫一個天天笑口常開的黑人婦女背後所隱藏的家破人亡的哀傷故事。

2 窮小子大學

恐怖的意外事件！五百人不是喪生就是失蹤了！我們定了這個大標題，當然希望能用它，不過因為這個意外事件尚未發生，我們只得說：請待後續。

——馬克・吐溫新聞報導，

摘錄自《漢娜堡日報》，1852年

印刷學徒

一個紅髮的男孩站在木箱上，伸長著手臂去排鉛字版。他的骨架不大、手腳纖細、身上垂掛著大如馬戲團帳篷的二手衣褲，嘴裡一邊叼著香煙、邊哼著不成調的歌曲——這就是記憶中我在漢娜堡當印刷廠學徒的景象。

當時我只有十二歲半，在《密蘇里快訊報》的印刷廠當學徒，先從拖地板、送報紙、跑腿

打雜開始，慢慢才接觸檢字和排版的工作。依照 1848 年當時的慣例，老闆是不給學徒薪水的，只提供免費吃住和一年兩套衣服，而且品質都很差。

我和其他學徒們統統在辦公室地板上打地鋪過夜。半夜肚子餓了，就偷偷到地窖裡去拿訂戶抵報費用的馬鈴薯和大洋蔥，然後用辦公室的暖氣爐烤來吃。我穿的衣服，都是從身材有我兩倍大的老闆那兒接收來的。褲襠深到可以把褲腰提到胸口，而且褲管又肥又長，看起來十分滑稽可笑。

但是這樣的生活，一點也不叫我懊喪，我依舊調皮搗蛋、找機會捉弄別人。這個印刷廠的二樓有個窗子面對大街。有一次我犯錯被禁足在二樓，心裡悶得發慌。正巧看到我那好脾氣的小弟亨利走過窗下，我一時興起，就

從窗口丟下大半個西瓜皮，不偏不倚的落在亨利頭頂上，成了一頂大瓜皮帽。不過，我也得了報應，沒幾天後，亨利伺機拿磚塊打我的頭，害得我得戴兩頂帽子才能完全蓋住大腫包！

　　小時候在學校裡為了爭獎章而練就的拼字本領，在我擔任印刷廠學徒的時候可真是發揮了作用。我能以比任何人都快的速度，從箱子裡挑出所要的字母，然後依次序排成一行又一行的字句，而且很少出錯。沒多久，老板就指定我做一些特別的排版工作。當我在排印新聞時，深深覺得有一種使命感，因為把這些剛從電報線傳過來的新聞排印上報，可以使得住在偏遠地區的人，不至於成為井底之蛙。有時候新聞不夠時，我就自己捏造一些小故事，填補空白的版面。這其實就是我寫作的開端！

當我快完成學徒訓練時，正巧大哥借錢買下了一家報社，我就轉而開始替大哥幹活，同時也跟城裡一個老鞋匠學德文。我對閱讀愈來愈有興趣，也想試著寫一些文章和小故事。但是我覺得大哥的報紙讀者太少了，因此決定投稿到波士頓和費城的大報社。當我看到自己的名字縮寫S.L.C.登在報上，而且又領到稿費時，真是興奮到極點，對寫作的興趣也因而大增。

此後每次大哥出城時，我就當起代理主編。我那埋沒已久的說故事、講笑話的才華終於得以發揮。有一次，我無中生有的捏造了一行驚人的大標題，先說有五百人喪生或失蹤，然後才說事情尚未發生。讀者對我的幽默大為欣賞，訂報戶突然大增。可是大哥回來後卻訓了我一頓。不久以後，我又瞎編了一個有關敵對

報主編私人生活的報導。第二
天，那個主編拿了一把雙管手
槍，怒氣衝天的來找我們主編算
帳。當他發現執筆人竟是一個乳
臭未乾的小伙子時，只好扯我耳
朵出氣，大罵：「小鬼！你簡直胡
鬧！」然後自認倒楣的離開了漢娜
堡，從此不見蹤影。

　　這個時期，我的文章雖然引
起全城的注目，卻未必是讚美！
我的大哥可以作見證人。

嚮往旅遊

　　本來我挺喜歡排版印刷的工
作，決定等出師以後，就到別的
報社做事。如此一家換過一家，
就可以到處旅行。不過，當看過
來城裡的一個馬戲團表演之後，
我立刻改變了主意，想要當生活
中充滿刺激又可經常旅行的馬戲
團小丑。有次逮到個機會，我自
願上臺去被人催眠，假裝在睡眠

的狀態下作出許多滑稽的動作娛樂觀眾。最後催眠師為了證明我真的被催眠了，竟然拿針扎我，我忍著痛連眉頭都不敢皺一下。那個星期，我可真是大大的出了名，這使我覺得自己應該去演戲。可是當我從報社下了班，和同伴一起去河邊遊蕩時，我又希望有朝一日能駕著汽船環遊世界、尋找寶藏。

我的志向經常在變，仔細數數平生的各種志向，包括印刷工人、旅行家、演員、小丑……，我真的得承認自己是個容易見異思遷的人。後來我的確樣樣都試過，而且花樣比小時候想像的還要多！

我十八歲時，也就是 1853 那年，有兩件事使我終於下定決心要遠走天涯。當時我在大哥的報社當學徒，不但所寫的稿子常遭批評指責，而且還不曾拿過薪

水。再者，當時紐約有一個水晶宮博覽會，我非常想去瞧瞧。為了籌路費，我決定到一百哩外的聖路易士大城去當印刷工人，領真正的薪水。我向母親承諾不賭博不喝酒，然後隻身搭汽船離開漢娜堡。之後，我雖然好幾次回到漢娜堡，但都不曾長住，在漢娜堡的童年回憶就這樣長留在我的心田裡！

　　年少時期的我嚮往旅遊，純粹是出於好奇和神氣；但是後來旅行經驗愈多，我愈覺得「旅行可以消除偏見、固執和狹隘觀念，很多人僅僅因為這個理由就需要旅行。對人與事能有廣泛、完整而仁慈的看法，絕不是終生駐足在地球上的一個小角落就可以獲得的。」*

*這段文字錄自《天真旅客出國記》。

流浪的印刷工人

賺夠了前往紐約的旅費後，我迫不及待的拋開家人，背了一個毛毯捲成的小行囊，口袋裡只有幾塊錢，外加縫在外套襯裡內的十元大鈔，乘了五天汽船，終於到達紐約。我很快的又找到一份印刷工作，並住進了大統艙似的宿舍。每天被屋裡那股臭酸味熏得倒胃口，而且我也實在吃不慣北方菜，只要一想到香噴噴的炸雞、玉米餅、熱麵包一類的南方菜，就恨不得立刻打道回府。這種和家鄉差異十萬八千里的感覺，有時真讓我誤以為自己置身外國。這種經驗對我後來寫《美國佬的貴族夢》這本書，非常有幫助。書內的年輕英國人柏克萊到美國來寄宿時所感到的不適應，就是我當時的寫照。

紐約街頭車水馬龍、高樓林

立的景象，還有水晶宮會場每天進出的人潮，都讓我大開眼界。印刷廠裡圖書室擁有四千冊藏書，更讓我覺得如獲至寶，我每個夜晚幾乎都在圖書室度過。隨後我又到費城、華盛頓特區去當印刷工人，一共在東部「流浪」了十三個月。

這時大哥因為反對黑奴制度，已搬到沒有黑奴的愛荷華州，並買下一家小報社，經常發表反奴隸制度的文字。我和弟弟都到大哥的報社幫忙。在一次印刷工人的晚餐聚會後，我說了好幾個又冗長又彆扭的笑話，博得全場哈哈大笑。這使我第一次嘗到演講的樂趣。

不過，好動成性的我，很快的又厭倦了這種小城生活。1856年，在一個偶然的機會裡，我撿到一張被風吹到牆角的五十元大鈔。登報四天，無人認領。為了

五十元大鈔的安全起見，我便趕緊遠走他鄉，到辛辛那堤的一家印刷廠去工作。這是我最後一次當印刷工人，當時我其實還不滿二十一歲。不過，我對印刷業的興趣並沒有因而消失。後來我創辦出版社，又投資研發自動排版機，都可以算是印刷事業的延長。

　　我一生中，在幾個不同的城市裡一共當了十年的印刷工人。這十年流浪的印刷工人生涯，我既要花時間讀別人的文章、修改別人的稿件，還要自己寫文章去填補版面，簡直就像上學作功課一樣。如果經過這樣的磨練還無法分辨文章的好壞，那可真是叫人難以置信！美國歷史上的幾個大人物，包括富蘭克林、林肯、惠特曼也都是從印刷廠熬出頭的，難怪有人認為印刷廠簡直就是當時的「窮小子大學」！

勤練寫作

我深信寫作是一種行業，必須靠學習才能有所成就。

我隻身在外時，總不忘給家人寫信，報告大都市的見聞，這些信常免費被大哥刊登在報紙上。為了賺稿費，我開始以筆名投稿到別的報社，而且為了迎合當時讀者的口味，故意採用一種錯字連篇又富鄉土趣味的特殊寫作風格。我像鄉巴佬進城一樣，對每一件新鮮事物，都用極其好奇的眼光審視，而且用低俗滑稽的文字描述。這種文字，現在看起來不怎麼樣，但是在當時卻很能討好一般讀者。

19世紀時，有不少和我一樣走滑稽路線的作家，但是除了「馬克‧吐溫」這個名字之外，都被淡忘了。主要的原因在於我運筆用詞盡可能維持「自然」和

「真實」。而且後來我逐漸發展出一種結合清晰文句、正確拼字、誇張形容和鮮明形象的獨特寫作風格，脫離了早期低俗滑稽的軌道，終於樹立了我在文壇的地位。而且我很用心推敲文字，在我看來，一個「恰當」的字跟一個「幾乎恰當」的字的差別，就像閃電和螢火蟲一樣的不同！我敢說你只要讀過《苦行記》中形容美洲土狼的文字，就會被我的文字技巧感動得五體投地！

除了眼睛善於捕捉形象之外，我的耳朵也很敏感，能像錄音機一般捕捉各式各樣的方言和街頭巷尾的俗語，為作品增色不少。最典型的一個例子，是寫《苦行記》中一個內華達的礦工和一個來自東部的牧師之間雞同鴨講的一段對話。傳統作家常為了文字的優美而犧牲作品的真實性，比如一個五歲的小孩滿口文

馬克‧吐溫作品欣賞

美洲土狼就像是一付長而瘦、病懨懨而哀傷的骨架，披戴上一張灰色狼皮；一條差強人意的毛茸茸尾巴永遠下垂，顯出被遺棄和悲慘的絕望神態！一對狡猾而邪惡的眼睛，一張長而尖的臉龐，加上微翹的嘴唇和暴牙，使牠全身散發出鬼鬼祟祟的表情……牠永遠飢餓，永遠貧窮、倒楣和不友善。即使地球上最低等的生物都瞧不起牠，連跳蚤都寧可跳到腳踏車上而不要附在牠身上。牠如此的無精打采和懦弱，即使齜牙咧嘴假裝嚇唬人時，臉部其他部位的表情都像是在表示歉意！

——摘錄自《苦行記》

諂諂的「您」、「請問」、「遵命」，豈不彆扭扭失真？我要故事中的人物說屬於他們自己的語言，文雅或粗俗則不是我關心的事。我要讀者一聽就分得清是哪個角色在說話，而不至於迷失在毫無分別的語氣裡。

　　我的《頑童流浪記》就是用這種非傳統的觀念寫成的。有些家長卻認為書中用詞粗俗不雅，要求學校把這本書從書架上撤走。但我一點也不著急，因為這本書遭受到不只一次忽冷忽熱的待遇，我已經習慣成自然。而且每次遭禁後，我的作品反而更暢銷。請記住我在那本書封面上說的話:「想要挖掘這個故事寫作動機的人，會被檢舉；想要從其中尋求寓意的，會被放逐；想要從其中找出情節的，則應該被槍斃！」

3

河上歲月

水面有時能變成一本精彩的書。對於未受過行船教育的汽艇乘客來說，這本書像是一種死亡的語言，但它總是毫無保留的向我傾訴它的意念……在一千兩百哩的行程裡，從來沒有一頁是乏味的……。

——摘錄自《密西西比河上的生活》，1882年

拜師行船

我從小就有發財夢，我曾在書上讀到亞馬遜河流域盛產富有醫藥價值的古柯鹼，因此很想去那兒作古柯鹼生意賺大錢。1857年，我二十二歲時，搭乘保羅瓊斯號汽艇，預備從辛辛那堤城沿著密西西比河到紐奧良，然後換大船越洋到亞馬遜去採古柯鹼。但是，到了紐奧良之後，才發現

短期內根本沒有到亞馬遜的船，而且也可能永遠都不會有。我在碼頭閒蕩滋事，差點就被警察抓走。巧的是，在汽船順密西西比河而下時，我看到三十歲的舵手畢克斯比駕船時的神氣模樣，喚醒了我的少年舵手夢。於是我想盡辦法誘他讓我掌了幾回舵。我覺得掌舵既容易又好玩，於是就乾脆拜他為師。雙方協議先付一百元學費，等拿到駕駛執照後，再付尾款四百元。

從聖路易士到紐奧良之間，航程全長一千二百哩，每一吋河流的兩岸地形深淺寬窄，舵手都得瞭如指掌。而且，舵手還要負責乘客和船隻的安全，工作並不輕鬆。不過，有駕照的舵手月薪可高到二百五十元，大約是牧師薪水的六倍，而且管吃管住，待遇優厚。這樣我不但可以寄錢回去奉養母親，自己也可以偶爾奢

侈一下，真是划算！

我一生所做過的工作，恐怕沒有任何一個比舵手更讓我驕傲和喜愛的了。啟航前，船長會給舵手一些簡要的指示。一旦上路，舵手站在四面都是玻璃、居高臨下的駕駛艙，非常威風。掌舵時，我感覺自己像一個活在真實世界裡的君王，確確實實的君臨天下。我從小就喜歡別人的注目，舵手正是全船的中心人物，多麼過癮！舵手也是全船上唯一在王公貴族面前都可以不必卑躬屈膝的人！這種不畏懼權威的心態，對我後來能與各國政要、王公貴族建立私交，有很大幫助。

不過，為了得到這項榮譽和特權，我可真受夠了折磨。當學徒的第一天，站在駕駛艙內，只聽到師父大人一邊指著沿途各個島嶼和河堤等路標，一邊口中念念有詞的說出它們的名字。在我

看來，個個路標都大同小異，因此漠不關心。沒想到過了一會兒他竟考我，我咿咿呀呀，一個也說不上來，氣得他吹鬍子、瞪眼睛，大喊：「我從沒有見過像你這樣的大笨蛋，摩西啊！快來救救我！你想當水手？你？為什麼？你連怎麼拉頭牛走巷子都不會！」

等師父大人消了氣以後，叫我拿出紙筆，寫下他教我的每一件事。我雖納悶，卻乖乖的照著做，慢慢也記出心得來。此後，我養成了寫日記的習慣，而且終生不懈。這對我後來的寫作生涯貢獻很大，因為很多小說都是從我的日記發展出來的。但是，我可以告訴你一個祕密，要狠心的懲罰一個年輕人，最好的方法就是叫他在一年內寫三百六十五天的日記！

在接受舵手訓練之前，我連做夢都沒想到做舵手會是這麼回

事。比如船上舵手得輪班，最初我跟師父負責的一班，正好是逆水而上的行程；等到改天我們順流而下時，我突然發現同一條河的景象和水勢，陌生得好像我從未航行過。原來在同一條河上，逆行與順行竟是如此的不同，我得分次學習，才能通曉。還有，我從來沒想到船是日夜不停的航行，夜裡也得有人值班。上夜班的水手，一進了駕駛艙就要立刻知道船在何方，根本不需要別人指點。這種功夫，真不是漫不經心的人可以做到的！

總之，我萬萬沒想到一條我從小玩到大的密西西比河，竟是這般複雜難纏。更叫我驚訝的是，河流的地形隨時在改變。順著密西西比河而下的水，和中國的黃河水一樣渾濁，而且經常改道，有時還會吞噬河岸。熟悉的路標可能突然消失了，甚至整個

村子都會被洪水洗溫得片瓦不留。駕船的人必須隨時保持警戒心，永遠也不能鬆懈。這時我才領悟到：年少時的汽船舵手夢，原來沒有想像中那麼愜意！加上師父很嚴格，好幾次我都想半途而廢。

「馬克‧吐溫」的由來

幸好我沒有放棄當舵手的夢，否則就沒有今天的馬克‧吐溫這個作家。原因很簡單，我那響亮的筆名「馬克‧吐溫」，其實就是從密西西比河的行船經驗得來的。＊在19世紀中葉，電動測量儀器還不存在，河床的深度是用綁了鉛球的繩子放到水底去測量的。繩子上作了各種深度記號，測量的人會依記號喊出：深度四呎、記號三呎、差四分之一才三呎、半噚、記號兩噚等。「記號兩噚」（英語讀作「馬

克・吐溫」），其實就是十二呎的意思，因為一噚是六呎；而十二呎是讓汽船可順利通航的安全指標。水深有十二呎以上，開船的人就可以放心繼續讓船前進；水深不足十二呎，開船的人就得設法把船移轉方位，以避開危險。如果船是由淺水駛向深水，這「馬克・吐溫」的呼叫聲，就使我心情大為放鬆，慶幸可以暫

放大鏡

＊由北往南流的密西西比河發源自明尼蘇達州，全長二千三百四十八哩。它的源頭本來很小，但是由於夾雜著大量泥沙、雪水和地下水的大半個美國的小河流和溝渠，幾乎都注入密西西比河，因此使它變成北美洲最大、也最渾濁的河流。印地安奇沛窪族叫它為「密西西比河」，意即「巨河」。它的最寬點在伊利諾州的開羅，有四千五百呎寬，也就是《頑童流浪記》裡哈克和黑奴吉姆原來計畫要去的地方。它經常改道，簡直就像一條美國的黃河！即使到現在，它還企圖要在路易西安那的南部，重新創造另一個進入高爾夫灣的出口。19 世紀，汽艇業興盛時，它是美國南北交通的主要管道。1830 年代馬克・吐溫住在密蘇里時，大約有二百艘汽艇經常來往於河上。其後汽艇的總數，大概以每十年就增加兩倍的速度成長，到他當水手的 1850 年代，估計有一千艘船在河上穿梭。他住在漢娜堡和聖路易士的時候，幾乎每天都看得到汽艇，心裡對河上生活的嚮往就是這麼培養出來的。

時直航無阻；可是如果正好是由深水駛入淺水時，這個呼叫聲就讓我立刻全神貫注，一點也不敢疏忽。

1863 年，我在內華達州為《領地企業報》寫立法新聞稿時，在酒吧裡又聽到「馬克‧吐溫」的熟悉呼叫聲，意思是「記帳兩杯」。我突然心血來潮，決定改用「馬克‧吐溫」作為筆名，因為它很像真人的名字，叫起來聲音響亮，而且又有警告世人的意味。以前我學其他幽默派的作家，用過幾個土里土氣的筆名，都不怎麼引人注目。沒想到讀者對我的新筆名反應熱烈，「馬克‧吐溫」就成了我的註冊商標。從此以後我的本名「山姆」就像隱形人一樣，不再為一般世人所知曉。「馬克‧吐溫」的盛名為我帶來無比的榮耀和財富；可是我也曾一度迷失在盛名

裡，使事業和家庭都因而走入谷底。

逃過鬼門關

在汽船上工作，其實常面對一些潛在的危險，因為誰都不能預測它那大蒸氣爐什麼時候會失靈而爆炸。加上同業競爭很厲害，常常在河上競速，因而往往不是觸礁出事，就是蒸氣爐負荷過重而爆炸。一艘粗製濫造的汽船，通常只有四、五年的航行壽命。我就常常在河上看到被廢棄了的汽船殘骸。

有件讓我終生難忘的悲劇，就發生在我仍在船上受訓時。1858 年，我安排弟弟到我工作的「賓州號」汽船擔任伙計。這艘船的駕駛布朗，個性獨裁暴躁，一直與我不和，於是他拿我那好欺負的弟弟出氣，用大煤塊在亨利頭上敲出一個大包。我當時少

年氣盛，就拿把椅子把布朗敲倒在駕駛艙地上，然後狠狠的揍了他一頓。這時候，船隻完全失控，險些造成意外。我受到處分，被調到別的汽船工作。未料幾天後，「賓州號」汽船的鍋爐爆炸，亨利因吸入太多蒸氣而喪生，而我竟倖免於難。這件事使我一輩子愧疚不已。回想小時候我老是捉弄亨利，更讓我自責不已！後來，我寫《湯姆歷險記》時，湯姆的弟弟希德其實就是亨利的化身。

1861 年 4 月 12 日，也正是我拿到駕船執照的兩年零三天後，美國南北戰爭爆發。密西西比河成為雙方運送軍需的主要管道，槍砲聲此起彼落。民營的汽船業就此消聲匿跡，成為歷史。而我那花了九牛二虎之力才拿到的駕船執照，只好束之高閣，成為馬克‧吐溫博物館的陳列品。

船上大學

我在船上工作時，學到不少開船以外的東西。我利用時間學法文，而且讀了很多歷史、旅遊和科學的書籍。我也讀莎士比亞、拜倫、華德史考特和約翰本崖的作品。我因在駕駛艙常觀察夜空星辰，所以對天文星象也頗有研究。後來在《亞瑟王朝的一個康州洋基客》故事中，洋基客漢克藉日蝕的魔術，去取得第六世紀亞瑟王朝君民的信任，就是從我陸續自修的天文知識得到的靈感。

我沒事時，也喜歡觀察船上旅客，遇到言行舉止或外貌形象特殊的人，就一一記錄下來。我發現想了解一個人的個性最有效的辦法就是讓他坐船長途旅行。因為只要讓一個人在船上待上一個月，就包準他原形畢露。後來

我許多故事中主角的人格特質，都是取材自我在船上所見到的各式各樣人物。

此外，我還成了眾人的旅途良伴，因為船上的人喜歡在茶餘飯後聽我說些滑稽故事，就像以前在印刷廠說故事一樣，我還是用那慢條斯理的口氣和毫無表情的面孔說笑話，有時還故意沉默片刻，讓大家焦急不安，然後再出其不意的給大家一個驚奇，結果我不笑但別人都笑，效果奇佳。我在那時開始留腮邊鬍子，把前額頭髮往後梳，盡量使自己顯得穩重老成些，以配合我專業水手的身分。

河上生活寫實

1875 年，也就是我離開密西西比河的船上生活十四年以後，我在《大西洋月刊》發表一系列叫做〈密西西比河的舊時光〉的

文章，就是根據這段經驗寫成的，後來集結起來成為《密西西比河上的生活》這本書。當然，它和我其他的作品一樣，其中有事實，也有虛構。比如書中那個學徒的年齡比我當學徒時年輕，而那位老師舵手則又比當年的畢克斯比老些，這樣一老一少的強烈對照，比較有戲劇性。這本書忠實的記錄了我從當學徒到出師的經過，也保留了曾經風光一時的汽艇歷史。

1861年以後，我至少重訪密西西比河八次，而且我的許多小說，包括《湯姆歷險記》、《頑童流浪記》和《呆頭呆腦的威爾森》等，都是直接以這條河作背景。那些讓讀者記憶最深刻的情節，多半都發生在這條生氣蓬勃的河水上。

我最後一次重訪密西西比河是在1902年，在一個兒時玩伴的

陪伴下，我們爬上以前時常去的
卡迪夫山丘，眺望這條風采依舊
的河水。那時我已經繞過大半個
地球，看過多少山水，可是對密
西西比河的愛戀不但不減，反而
更認定它是地球上最美好、最偉
大的一條河。密西西比河啊！我
對你的深情終生不渝……。

西部甘苦

我們開始進入小河蜿蜒相連的鄉下。這些小河兩岸有高而陡的河床，每一次篷車飛奔而下一個河床，然後立即爬上另一個河床時，我們車上的一伙人就全被攪和在一起。先是統統滑向車頭，一個個幾乎都坐得筆直的疊在一起；不一會兒，又統統衝向車尾，一個個頭下腳上的倒立著。為了擋開滾落頭頂和身上的郵包，我們只好拳打腳踢。一陣騷動揚起的灰塵，使我們像合唱一樣齊聲大打噴嚏，然後一個個兀自喃喃訴苦……。

——摘錄自《苦行記》，1872年

民兵遊戲

南北戰爭之初，船上的工作

人員對於該支持南軍或北軍，各有不同的看法。我既不能替北軍打自己的家鄉南方，又不十分同意南軍所擁護的黑奴制度，一時左右為難。

等我回到家鄉以後，才發現密蘇里受到北軍的威脅，處境艱難。於是在家鄉老朋友的慫恿下，我和十多個兒時玩伴自動組成民兵隊，準備去向正統的南軍歸隊。我心中暗喜至少又能重溫一次兒時打仗的遊戲。

村子裡的人，趕緊提供我們所有的軍事裝備。包括每人一頭騾子、兩條毛毯、一床百衲被、一隻鍋子、一口手提箱、一件外套、一支來福槍、二十碼麻繩和一把雨傘。不過，這支軍隊，沒有制服，各穿五顏六色的普通衣褲；拿的槍也沒有比小時候當武器用的樹枝棍棒好到哪裡去，比如我手上那把，其實只是打松鼠

用的獵槍。而且披掛這麼多家當，不像是行軍，倒像是去露營。我那頭可憐的小騾子，真有點不勝負荷哩！

我們的目的地是佛羅里達城附近的鹽河，直線距離大概只有三、四十哩遠。可是我們只能在夜間行軍，以免遭遇到北軍的攻擊。

當時密蘇里也有不少支持北軍的居民，他們用狗來嚇唬我們。我們一路躲躲藏藏，加上從未受過軍事訓練，完全沒有紀律，誰也指揮不了誰。我雖然官拜少尉，可是好友的弟弟波恩不聽我的指揮去站崗，反而躲到樹下睡大覺。大伙兒走累了，就隨意坐下來抽煙休息。更糟的是，我因長途騎在不合適的馬鞍上，筋骨酸痛，大腿內部也長出瘡來，只能拉著騾子步行。

此時又有謠言說北軍正朝著

我們這個方向邁進，我們除了急速撤退，別無他法。

有一晚，我們借宿在一個農家，就著屋內的草堆睡覺。突然有人的煙蒂不慎引燃乾草，我反應快，一骨碌就翻滾出窗外，不慎把腳扭傷了。沒想到屋內的人一著急，就抓起著火的草堆往窗外丟，不偏不倚的正好落到我身上！

到了這地步，我們實在嘗夠了當兵的滋味；精疲力盡又灰頭土臉，完全喪失了鬥志，於是決定解甲還鄉。第二天，大家分手各奔前程，結束了兩個星期的軍人生涯。可是我一直躲在農家療傷，怕被人當作逃兵處罰，等到傷癒之後，才逃到大哥在愛荷華的家。經過這次經驗，我可比誰都要了解什麼叫做「撤兵」！

那年6月，大哥因為協助林肯競選總統有功，即將前往一千

五百哩外的內華達領地＊擔任首
長秘書。我為了避開戰爭，就以
資助他單程一百五十元的旅費為
條件，換取「私人秘書」的頭
銜，隨他赴任。換句話說，我的
官銜是「秘書的秘書」！

西域發財夢

　　1861 年的 7 月 21 日，我和大
哥帶著簡單的行李和一套又厚又
重的大字典，跳上由十六匹馬帶
動的驛馬車，開始我們的西部之
旅。目的地是一千五百哩之外的
內華達首都卡爾森市。從密蘇里
的聖約瑟出發，我們在大熱天行
經肯薩斯、內布拉斯加、科羅拉
多和懷俄明等地區，然後往下跨
越猶他和內華達兩地區。除了在
猶他停留兩天，更換駕車人馬之
外，其餘時間都日夜不停的奔馳
在坎坷山路和一無人煙的沙漠
上。一群人擠在塞滿了郵包的驛

馬車裡，沿途顛簸，非常辛苦，可是我很興奮能看到新景物。其中印象最深刻的是：從我們身旁飛騰而過的「飛馬快遞」*，那速度大概有我們驛馬車的三倍快。此外，我還看到了真正的印地安人和殺人不眨眼的亡命之徒，如今想起來還心有餘悸！

　　三個星期之後，我們終於風塵僕僕的抵達目的地。大失所望的是，卡爾森市的人口只有兩千，一片空蕩蕩的沙漠平地，矗立著幾棟簡陋的木屋，要想找地方設立政府的辦公室，還真是不容易！

放大鏡

＊當時內布拉斯加以西的各地區，因為才剛歸入美國版圖，一切尚未就緒，都還不夠格稱作州，統稱為「領地」。

＊「飛馬快遞」就好比今天的快遞一樣，由二十個人和一百五十匹馬，輪流分班，傳遞同一袋郵件。在八天內，就可以走完二千哩路。你可以想像這種郵遞方式的成本有多高。它在 1860 年開始營運，但等第二年跨越美洲大陸的電報系統建設完成以後，它就不復存在。馬克・吐溫有幸見證了這個壽命短暫的郵政系統。

　　大哥根本沒什麼需要我幫忙的地方，也付不起我的薪水，我想，與其每天閒晃，不如趁機去探險。在這個滿地是金銀礦藏的新世界，說不定有機會發大財。

　　我先和一個朋友登上海拔六千二百二十五呎的太浩湖去伐林，又和幾個朋友到傳聞中金銀礦最豐富的漢伯特地區去採礦。結果樹林被營火燒光了，而且除了撿到一些俗稱「愚人金」的黃鐵礦之外，什麼金子也沒找到，回程中還險些在暴風雪中喪命。我身無分文，只好去當洗金砂的小工，每天賺十元的微薄薪水糊口。可是笨手笨腳的我，不到一個星期就被解雇了。

　　最後，我又和一個年紀較大的朋友卡爾到處去探險。卡爾偷偷的潛入一個叫做「野蠻西部」的礦坑，真的在主脈之外發現了一個暗藏不露的新礦脈，這種礦

脈，俗稱「盲導」，我們欣喜若狂。在註冊採礦權之後，卡爾繼續去做別的發財夢，我則去照顧一個因鬥毆受傷的朋友。豈知因此違反了十天內必須開採的條文！等我回到礦場，才發現這個金礦坑已經換了新主人。到此，我終於黃金夢醒了！

記者生涯

值得慶幸的是，在西部淘金時，我觀察了不少眾生相，而且常寫成文章，投稿到當地的報社。這些文章經大哥引介登上了維吉尼亞城的最大報紙《領地企業報》。不久之後，編輯竟然邀我到報社工作，週薪二十五元，我興奮得立刻啟程報到。我買不起車票，乾脆戴著一頂軟邊帽，穿著寬鬆的上衣，佩上一把海軍左輪槍，像西部獨行俠一樣，在沙漠中徒步走了一百多哩。抵達

目的地時，兩腿僵硬、鬍子滿腮，又髒又臭的一屁股跌坐到報社辦公室的椅子上，差點沒讓編輯先生嚇破膽！可是，因為我已經比預定的報到日期晚了好幾天，所以就顧不得髒亂，馬上伏案寫稿。這樣的就職典禮，恐怕史無前例！不過，這個專業的記者生活，更進一步把我引向作家之路。

《領地企業報》的兩個年輕老板很欣賞有創意的人，常容許我發揮無盡的想像力，編造一些真假難辨的故事。這雖然給了我練習寫作的好機會，但我也常因言過其實、年少氣盛和好打抱不平，幾次惹禍上身。

有一次，我代理主編。絞盡腦汁，寫完了莎士比亞一生所沒有作過的事情之後，就開始胡謅一個有關敵報老板的糗事。第二天，就受到對方猛烈的反擊。後

來在大家的起鬨下，我主動挑釁對方槍戰決鬥。決鬥當天清晨，雙方都偷偷到野地去練習射靶。我緊張得亂開槍，每一顆子彈都偏離靶心十萬八千里。幸好我的同事史提夫射下了三十碼外的一隻鳥，假裝是我的戰利品，嚇得對方立刻要求取消決鬥。我免於一場可能會缺手或斷腿甚至喪命的災難，卻因違反了「禁止決鬥」的新法令，不得不逃到舊金山。

舊金山和維吉尼亞城一樣都是新興礦城，經濟景氣。不過，我特別喜歡舊金山的生氣和繁華，感覺如魚得水！我在一家很小的《晨音報》擔任記者，跑遍大街小巷。

1864 年我為華工打抱不平而被《晨音報》解雇時，乾脆把舊金山的故事寄回《領地企業報》，大城的新鮮事很受小地方

讀者歡迎。同時，我也開始對於真正的創作感興趣，經常寫一些幽默小品，投稿到舊金山的文學雜誌。

平心而論，對於弱小民族，像猶太人和中國人等，我總是又尊敬又同情。猶太人從不在路上乞食，他們盡量自力更生。當白種人不來冒犯或虐待中國人時，他們是無害的人種。他們安靜、和平、馴良、勤勞、不酗酒。很少有不守規矩的中國人，更從未見過懶惰的中國人。我為這些人打抱不平，從不畏縮或後悔。

當小報主編時，我偶爾會給青少年讀者寫一些故事，談到好運可能發生在壞孩子身上，而霉運也可能落在好孩子頭上的怪事。換句話說，暗示大家別輕信大人那套「好人好報」的大道理。有時，我更按照自己成長的

經驗，提供青少年讀者一些不知所云的忠告。譬如我要他們在母親面前順從命令，然後再按自己的最佳判斷去做事；我要他們不說謊，除非有緊急需要；我還教他們用貓打妹妹，因為貓比球棍軟；而且要捉住貓的尾巴，才不會被咬到等等。這些文字當然很受青少年讀者歡迎。 1902 年，我應邀給青少年演講時，還重複了其中好些觀點，尤其是有關「說謊」一事。我建議他們把「善意的謊言」當成一種藝術，愈早練習愈好。謊話說得不夠漂亮，後果就不堪設想！

跳蛙的故事

不久，我和另一個朋友吉爾特又因闖禍逃離舊金山，去附近一個小礦城避風頭。我們到山腳下去撿碎金塊，運氣雖不怎麼樣，可是我卻因而結識了兩個說

故事高手：史多格和庫恩。尤其是庫恩講的青蛙故事，成了我的成名作《卡樂維洛思鄉的著名跳蛙》的故事腳本。這個故事很簡單：

「在天使營地有個叫做吉姆·史麥里的人，他喜歡跟人打賭，而且什麼賭都打。不過他最喜歡拿他那隻訓練有素的青蛙打賭，因為這青蛙可以跳得比鄉鎮裡的任何一隻青蛙都遠。有一天，一個陌生人同意和他打賭青蛙跳遠。史麥里就請陌生人照顧他的青蛙，而自己則到附近去為陌生人找另一隻青蛙。兩隻青蛙開始比賽，史麥里的青蛙只是一味鼓大脖子，身體卻一點也移動不了。陌生人贏了四十元就走了。史麥里事後抓起青蛙，沉甸甸的，覺得不對勁，把蛙身倒提，忽然嘩啦啦的掉下兩大把鉛彈。原來陌生人使壞，用鉛彈餵

史麥里的青蛙。可是他已經遠走高飛，史麥里追趕不及……。」

　　我把這些簡單情節加油添醋改寫成短篇故事，登到雜誌上。沒想到因為讀者反應奇佳，一再被轉載，竟使我聲名大噪，而且連「天使營」這個地方也因而有名起來。＊1867年，我的第一本書《卡樂維洛思鄉的著名跳蛙及其他小品》出版，雖然銷路不怎麼好，卻使我升級為短篇小說作家！

　　對於庫恩，我最佩服的不是他的故事內容，而是他講故事的技巧。他從來不笑，也不皺眉頭，從來不改變說故事的聲調，也從來不過度熱心，可是在冗長的敘述裡，他總是保持一貫的誠懇和真摯，彷彿要讓人相信他講

放大鏡

＊自1930年代起，天使營還開始設立跳青蛙比賽，每年5月世界各國都有人帶青蛙來這兒一較高下。

的故事沒有什麼特別滑稽好笑的地方。這深深影響到我後來講故事的風格，也使我相信自己在加州小礦城的收穫不是金子，而是那可以點石成金的魔術指頭。

5

天真旅客

我們出過國的人都希望以自己無法忘懷的外國新奇習俗，來讓沒能出國的朋友羨慕……一般讀者除非真的出過國，否則永遠也不會知道自己是個超級大傻瓜！

——摘錄自《天真旅客出國記》，1869年

首次公開演講

1866 年，我對舊金山感到有點厭倦了，於是就遊說加州《沙加緬度聯合報》雇我到夏威夷，報導人們正感興趣的新興製糖業。我 3 月登上船，在夏威夷的首府檀香山上岸。發現它簡直就像個神話世界，它的天然美景、歷史背景和政府結構，無不叫我驚訝！

當時，夏威夷島被歐美人士

叫做「三明治島」＊，其實我覺得不如叫它做「彩虹島」更合適，因為在島上幾乎每天都可以看到美麗的彩虹。我上山下海去探險，曾登上岩漿滾滾的大火山口，也試過白浪滔滔的衝浪玩意，新鮮事一籮筐！在短短的四個月內，我一共寫了二十五封長信，投回《沙加緬度聯合報》，而且還被全國好幾家報社轉載，使我的筆名更加響亮。加上我搶先報導一個大海難新聞，我的記者聲譽越來越響。回到加州時，似乎已被公認為夏威夷專家。

打鐵趁熱，我開始舉辦有關夏威夷的公開演講會。那時沒有電視、電影或廣播電臺等，所有

＊三明治島與我們吃的三明治沒有關係。1778 年第一個訪問夏威夷島的英國探險家詹姆士‧古克艦長，為了紀念他的好友約翰‧孟泰葛（「三明治」家族的第四個伯爵），而稱這個島為「三明治島」。不過當地人依舊稱該地為「夏威夷王國」。1866 年，馬克‧吐溫到夏威夷時，它仍然是一個獨立王國，並不受美國管轄。

的娛樂活動都必須在現場進行。我設計的演講會海報，主要是這麼寫的：「豪華樂隊、西部野獸和精彩煙火──由於種種原因，這些都不會出現。」最後兩行大字說：「大門七點鐘開放，麻煩八點鐘開始。」我幽默誇大的文字技巧，再一次收到廣告成效；而且末了這兩句話，後來還成了我的招牌語，廣被傳誦。

　　這是我生平第一次正式的公開演講，我緊張到好幾天前就吃喝乏味，連覺也睡不好。我到處拜託朋友出席，而且和人打招呼時過度熱絡、呵呵傻笑，弄得大家以為我神經不正常。我讀自己的演講稿，越讀越沒趣，真恨不得抬口棺材上臺，把演講會變成追悼會。

　　演講那天下午，我在好幾個鐘頭前就去會場了解狀況，可是根本沒看見有人在買票。我又偷

偷從後門登上講臺，看著空無一人的座席，心中的恐懼幾乎使我崩潰。於是我躲到後臺去等待命運之神的宣判。七點整，我無可奈何的踏上講臺。天啊！一屋子黑壓壓的人潮，座無虛席，我這一嚇非同小可，有好幾分鐘頭腦一片空白，說不出半句話來。然後我從「不知道是什麼道理，三明治島必須離所有的地方都這麼遠……」打開話匣子，等到觀眾逐漸被我講得天花亂墜的夏威夷奇風異俗所吸引時，我的恐懼感已消失得無影無蹤。我越講越起勁，觀眾也笑得前仰後合。

　　演講成功，使我很得意，我後來又連續在加州和內華達講了十幾次，最後還遠征到有兩千個座位的紐約市庫柏聯誼會大演講廳。為了充場面，我送了不少公關票。幸好事後所有的報章雜誌都稱讚我是旅行演說家的新起之

秀。後來我的演講幾乎場場爆滿，一票難求。

我演講時，常以誇大而幽默的方式將「有趣」和「重要」的事情夾雜著敘述，觀眾一忽兒大笑、一忽兒驚嘆、一忽兒鼓掌，一忽兒又落淚，絕無冷場。比如我形容夏威夷人：

「有人深信，夏威夷人不會說謊，但是就我所知，他們會說謊，就像拍賣家、律師、專利藥品廣告員、甚至新聞記者那樣會說謊。他們會為賺得一塊錢說謊，儘管說實話明明可以得到一塊半！」

諸如此類諷刺戲謔的表達方式，深獲觀眾喜愛。我自己也非常興奮，因為那讓我出了名也發了財。連我在卡爾森市和漢娜堡的舊識，都得乖乖買票才能聽到我演講，這有多麼神氣啊！

不過為了維生或還債，我之

後又作了幾百場旅行演講，有雙人檔的，也有單槍匹馬的，而且足跡遍及世界各大洲。雖然名利雙收，但也讓我倒盡了胃口，終於使我發誓再也不上講臺了！

夏威夷的聯想

我雖然沒有一本書是專門寫夏威夷遊記，但是夏威夷的奇特政府結構，卻給與我創作《亞瑟王朝的一個康州洋基客》的靈感。這本書出版於 1889 年，敘述一個 19 世紀的美國人跌入時光隧道，而企圖改造第 6 世紀的英國亞瑟王朝的故事。它混合了幽默和社會評論，以及中世紀的武器和現代的科技，並且對於亞瑟王朝的落伍和專制多所諷刺。美國讀者很喜歡它，可是英國讀者就不太欣賞它。我曾經熱愛英國，可是我更熱愛民主。這本書多少是衝著英國的壓抑民主而寫的，

所以受到他們的抵制也是預料中的事。不過，在我的所有著作中，這個故事在舞臺和大銀幕上出現的次數最頻繁。＊

此外，我也把在西部和夏威夷的所見所聞一併寫入在 1872 年出版的《苦行記》中。它是我最厚的一本著作，共有十七萬多字，雖然前後文體不很一致，但仍深受讀者歡迎。它記錄了內華達的銀礦熱、加州的金礦潮和夏威夷的初露頭角，適切的捕捉當時人的興趣，而且具有歷史價值。和我其他著作相同的是，它的主人翁並非完全是我。他比我更年輕無知，因為如此寫來效果

放大鏡　＊光是根據它改編成的一個音樂劇，在 1927 到 1928 兩年之間就在紐約百老匯演了四百一十八場，1929 年又緊接著在倫敦演出四十五場。這個故事至少有九次被改編成電視劇，以它為腳本的電影更是不計其數，最近的一個電影，是由名喜劇演員琥碧戈柏 (Whoopi Goldberg) 在 1998 年主演的「摩登女武士 (A knight In Camelot)」。

更好。

1866 年我從舊金山回紐約，一路換了好幾種交通工具，包括帆船、篷車和汽船等，一共花了二十九天。除了觀賞尼加拉瓜和加勒比海之外，我的最大收穫就是認識了一個非常有個性的老船長惠克曼。惠克曼的一生大半在船上度過，他靠讀《聖經》來教育自己，因此他也最愛談《聖經》。認識他，對我而言如獲至寶；後來他一再化身為我好幾個故事中的甘草人物。諸如《苦行記》中令人難忘的布來克船長和《美國佬的貴族夢》中亂引《聖經》典故的沙爾馬脊船長，都是他給我的靈感。此後我又斷斷續續根據他告訴我的一個上天堂怪夢寫成《史東斐爾船長上天堂精華錄》一書，但在我臨終前才正式發表。＊

天真旅客出國記

1867年，美國人剛走出南北戰爭的陰影，人們開始熱中到歐洲旅行。那時坐船跨越海洋大多是為了生意或移民；若純粹只為出國觀光，那可真是新鮮事！正巧我對紐約已經有點厭倦，又很想搶先嘗試出國觀光的滋味，於是遊說《大加州報》派我擔任貴格市號汽船的通訊記者，隨船旅遊歐洲。

我們從紐約啟航，途中經過許多國家，最後才折回紐約。全程一共費時五個月。我在船上挑燈夜戰寫給報社的長信，經過修

放大鏡

＊這本書的初稿早就寫成，可是因為對上帝不很尊重，太太奧莉薇反對出版。馬克‧吐溫只好當它是茶餘飯後的消遣，念給朋友聽。等到1908年真正定稿以後，出版社竟以「宗教氣味太濃」為理由拒絕出版。次年，終於付印，並以「聖誕節的最佳禮物」作為促銷的口號。由此可見，馬克‧吐溫對宗教所持的態度，隨著年齡和際遇而有所改變。

改，在 1869 年出版為《天真旅客出國記》，是我的第一本遊記，也是我第一次以訂閱的發行方式寫成的新書。它的賣點是故事很長，而且插圖很多。＊

這本書充滿了幽默的人物和事件，還生動的描述了許多有趣的城市。不過，我最主要的目的，是要打破一般美國人對歐洲和耶路撒冷聖地的浪漫幻想。不管走到哪一個城市，我都拒絕使用從小就被灌輸的陳舊觀點去看它。對於各地的傳奇故事、可疑的宗教遺跡、有名的畫作和言過其實的旅遊書籍，我都要取笑和揭穿它。對於腐敗的政府、煩人的導遊、骯髒的街道、貪婪的百

放大鏡 ＊南北戰爭結束之後，有好多退伍軍人都願意擔任沿門捱戶的推銷員，抽取佣金。採用預訂方式促銷新書，一時成為風氣。這對馬克‧吐溫的寫作生涯有很大的影響，因為他此後的著作都是長篇大論，而且插圖栩栩如生，充分配合市場需求。

姓，我更是不留情的忠實記錄下來。

比如我雖一向崇仰米開蘭基羅的藝術天才，但是我不要早餐、午餐、晚餐、下午茶都與米開蘭基羅為伍。根據導遊的介紹，日內瓦的每一樣東西都是他設計的；佛羅倫斯的所有東西都是他畫的；而除了那座斜塔之外，幾乎所有比薩的東西也都是他設計的。我敢說如果比薩斜塔不那麼歪的話，人們必定也把它歸功於米開蘭基羅。後來每到一個景點，我的伙伴乾脆就先發制人，問導遊那是不是米開蘭基羅的大作，甚至連埃及的古代碑文也不例外，搞得導遊啼笑皆非。說真的，我得知米開蘭基羅早已不在人間的時候，真是替全歐洲慶幸！

我眼中的耶路撒冷，不過是一個又熱又窮又陰沉的地方，街

道狹窄到貓可以輕鬆的從這個屋頂跳到那個屋頂。我一直嚮往的土耳其蒸氣浴，其實是活受罪。我一進那滑溜溜的浴室，就先來個四腳朝天，然後有人扶我坐進煙霧濛濛、怪氣衝鼻的熱水缸，用很粗糙的布幫我刷澡，直到我的外皮彷彿都被刮掉、肉體彷彿被薰熟了為止。他們提供的煙斗，我吸了一口之後，不只七孔冒煙，連身上每個毛孔都似乎在冒火！還有我渴望了許久的法國理髮師的刮鬍子技術，更教人不敢領教，我險些沒被割喉！

在羅馬時，我聽到一個去過美國的羅馬人說了一大串美國的好處，比如街頭沒有太多的教堂、政府不必靠外國軍隊保護、一般老百姓都能讀能寫、成千的學校和書籍、滿街叫賣的報紙、農人都擁有自己的土地、沒有滿街乞討的托缽僧、猶太人不遭受

歧視等。我真是像挨了一記當頭棒喝，覺悟到美國一點都不比歐洲差！

我同時也花很多筆墨記載我同行的伙伴。他們盡是一些中規中矩、不喝酒的中年教會人士。啟程的第一天，我就馬上發現乘客的最大興趣，不是開祈禱會，就是玩牌和跳舞。而我那滿口粗獷的西部幽默、兩箱香檳酒和一大堆的廉價雪茄煙，與他們真有點格格不入。我最看不慣的是那些到處收集紀念品的遊客。有時他們不惜敲下一小塊雕像或建築，連金字塔也不放過。這些美國旅客，大多不是什麼名流貴族，也沒有豐富的歷史知識，他們愛好古物顯然不得其法。

我的遊記發表之後，讀者非常訝異於我這些非傳統的觀點，但是又深深被我的新奇和幽默所吸引。以往大家都崇拜歐洲的傳

統文化，認為它比美國文化優越。如今他們猶如大夢初醒，重新認定美國文化的價值和美國人的民族自尊。＊更值得驕傲的是，從此以後我似乎變成美國大眾的代言人。凡是社會上發生的任何不尋常現象，大家都想聽聽我的看法。撻伐人性、批評社會遂逐漸變成我的責任和興趣，而這類的短篇文字，也陸續以我的筆名見報。

＊ 1983 年，也就是《天真旅客出國記》出版後的一百一十四年，美國大眾傳播服務公司還將它改編成電視劇。

6

鍍金年代

對我們來說，哈特福的房子是個有知覺的東西：它有一顆心、一個靈魂和一對看著我們的眼睛；而且它給我們讚許、關懷和深度的同情；我們活在它的信心裡、活在它的恩典和祝禱的和平中……我們一踏進它就被感動了。

——摘錄自馬克・吐溫致狄其爾信，1897年

唯一的羅曼史

　　一趟聖地之旅，不只讓我寫成了暢銷一時的《天真旅客出國記》，而且讓我有緣結識美麗、聰穎和賢慧的奧莉薇・朗登（小名莉薇），並在1870年2月與她結婚。在這之前，我從未有過羅曼史，總覺得自己不值得女人愛慕。但是莉薇真誠待我，她不但

徹底的改變了我個人長期浪跡天涯的粗獷習性和形象，而且協助修改我的文章，使我的書更能為讀者所接受。此外，她善於持家，待人處事也很周到，使我更能專心從事寫作。娶她為妻，可以說是我生命的最重要轉捩點，對這段姻緣我從來不曾後悔過。

我和莉薇交往的過程充滿戲劇性。我第一次從「貴格市號」船上的同伴查爾士那兒看到他妹妹莉薇的玉照時，就被她的清秀氣質所吸引，認定她就是我的夢中情人。後來藉著到紐約伊爾美拉市拜訪查爾士家人的機會，去親近她。

第一次見面，我就已經下定決心非她莫娶。第二次見面，我藉口在查爾士家作客一個星期，以便親近莉薇。到了非離開不可的那天，查爾士用馬車送我去坐火車。我們一起登上馬車後座，

不知怎麼回事，馬車一開動，整個後座忽然往後翻，我們兩人被彈到空中，然後紮紮實實的跌落地上。我很高興被抬進屋裡養傷，心裡祈禱著傷勢不要復原得太快。結果我真的又多住了兩個星期，加深莉薇對我的印象。此後，我一邊作旅行演講，一邊對莉薇展開一天一信的情書攻勢，終於打動了美人心。＊

　　可是她的父親捷威士是當地富有的紳士，思想觀念和我這南方佬兼西部客頗有出入。他要求我請西部的朋友寫推薦信，結果我找六個朋友寄來的推薦信都荒唐至極，其中一個還說我會死於酗酒。捷威士叫我到他房裡，私下問我：「這些到底都是些什麼樣的人？你難道沒有一個好朋友

放大鏡
　　＊馬克‧吐溫寫給莉薇的情書共二百多封，他們死後，由二女兒可芮娜整理付印，出版成書。

嗎?」我心底一片絕望，支吾的說:「顯然沒有!」出乎意外的，他竟然說:「那麼我就作你的朋友吧!我把女兒許配給你。相信我比這一伙人更了解你。」婚期就訂在一年以後。這段期間，《天真旅客出國記》順利出版。成為當時最暢銷的遊記，美國出版界從來沒有一本遊記的銷售量能與它匹敵。

在準岳父的協助下，我買下《水牛城快訊》報社三分之一的股份，並且託他的親信在水牛城租屋作為婚後定居之用。婚禮過後的第二天，我和莉薇及她家人乘火車到遍地白雪的水牛城時，雪橇已經在火車站等候我們。雪橇載著我倆漫無目的的繞了大半天，才停在市中心高級住宅區的一棟漂亮兩層樓前。我心裡嘀咕車伕有沒有搞錯，我怎麼租得起這樣的豪宅?結果大門一開，屋

裡傢俱和佣人都配備齊全，而且所有的親朋好友都早已在裡面恭候新人，我頓時目瞪口呆，不知所措。莉薇深情的看我一眼，低聲說：「少年郎！這些都是我們的！」原來這一切都是莉薇娘家的安排，而且莉薇在溫柔的外表之下，竟隱藏著這麼好的辦事能力。這一切都叫我受寵若驚！這一年我三十五歲，莉薇二十五歲。

定居哈特福

可惜水牛城只留給我們短暫和不愉快的記憶。先是岳父死於癌症；接著是莉薇懷孕，卻得了神經衰弱症。前來幫忙的女性友人，不幸感染傷寒，在我們的主臥房病逝。這些接二連三的打擊，使莉薇早產，生下一個體質極弱的兒子，取名朗登。三個月後，莉薇又因感染傷寒而大病一

場，險些喪命。我奔走於病床之間，無心寫作，也恨透了水牛城。熬過 1871 年苦寒的冬天，便賣掉房子並出讓報社的權益，暫時寄住到莉薇的姐姐蘇珊在柯瑞農莊的家。

柯瑞農莊離莉薇的父母家近，又很安靜，後來我們幾乎每年夏天都來這裡度假。因為我的文思在這兒特別能集中，蘇珊夫婦便乾脆為我在離屋子有一段距離的斜坡上，蓋了一座獨立的八角亭當做書房之用。獨坐在這個安靜的小天地裡，年少時的種種記憶，一樁樁的浮現，甚至那些我喜歡的黑人靈歌和兒時舊曲，也像噴泉一樣不斷的湧現出來。我的好幾本重要作品，包括《湯姆歷險記》、《頑童流浪記》和《密西西比河上的生活》，都是在這兒孕育出來的。

不久以後，莉薇和我作了一

個極大的決定：搬到哈特福市的努克農莊。努克農莊座落於一個枝葉扶疏的小丘上，而且有一彎曲水流過丘底，美極了！有好幾位文藝界朋友都住在那兒。當時著名的小說《湯姆叔叔的小木屋》的女作家史多威就是其中之一。於是我們先在努克農莊租屋安定下來。

哈特福正好在紐約與波士頓兩個大城中間，不但經濟力雄厚、文化水準高，而且不甚擁擠，是上好的住家環境。此外，這裡的人沒有紐約人的勢利眼，也不像波士頓人文化意識那麼強，我感覺自己比較能被他們接受，心裡很舒坦。而且莉薇的善體人意，敦親睦鄰，很快就贏得了眾人喜愛。

此時，我就西部開礦墾山的經驗寫成了第二本遊記《苦行記》，又是風行一時。

　　1872 年 3 月，我們的第二個孩子蘇珊（小名蘇西）出生了。可是不久這個喜悅就被大兒子朗登夭折的惡耗所取代了。以後我們又陸續添了兩個可愛的女兒可芮娜和琴恩，一家五口其樂融融！次年，我們在努克農莊裡史多威家的對面找到一塊土地，委託當時非常先進的建築師波特設計一棟能配合我的社會地位和生活形態的房子。

　　這期間，我和隔鄰的另一位作家華納，在聚餐時接受我們兩位太座的挑戰，決定合寫一部小說。我過去的著作不是遊記，就是短文，從未寫過真正的小說；華納也不是小說作家。這本小說的寫成，純粹是一個意外的大笑話！我們是這樣合作的：先由我根據我們克林孟斯家的發財夢，寫成十一章的故事，然後交由華納去扭曲事實、加油添醋，使它

脫離傳記的味道。如此這般,就成了我的第一本小說創作《鍍金年代》。

由於出自兩個作家之手,這個故事結構不免有點鬆散。可是我以母親家的一個親戚作模型,成功的塑造了一個每天做發財夢的滑稽角色謝樂思,他的口頭禪是「那兒有好幾百萬元呢!」雖然他的發財夢從沒兌現過,卻成了人見人愛的甘草人物。 1892 年,我還根據謝樂思這個角色寫成《美國佬的貴族夢》,以英美社會的對照,尖銳的諷刺社會百態。可是卻有文評家指責它是個荒謬鬧劇,這只能說是見仁見智了!

1874 年,二女兒可芮娜出生,我們也搬進了新家。它是一棟三層樓的維多利亞式房子,像座突然從地裡冒出來的超大型薑餅屋。它有咖啡色的大石頭作牆

基，上面是紅磚的外牆，牆面鑲著幾排黑色和菊紅色的彩色磚。一座座參差不齊的人字形屋頂，鋪蓋著拼成鑽石圖形的石灰瓦。造型優美的煙囪、窗戶、陽臺和角樓，出其不意的從屋子的上方和四周伸展出來。它一共有十九個房間、五個陽臺、一個玻璃溫室，外加一間馬車房；而且每個房間都能聽到由一樓的音樂箱播送出來的音樂*。由於它實在與鄰居的建築太不相同，路人無不投以驚訝的眼光。但不管人們說它是富麗堂皇也好，怪里怪氣也好，它真的帶給我極大的舒適和安定感。我一生中最美好的家庭生活和創作的高峰都是在這兒度

放大鏡

*馬克‧吐溫家的一樓起居室，有一只很大的音樂箱，裡面有按樂譜打了洞的紙片，透過機械的運轉，就會有聲音出來。這是比留聲機更早的音響設備。他用這種方式收集了幾百首音樂。

過的。

甜蜜的家庭

在這棟迷人舒適的新家，莉薇和三個女兒蘇西、可芮娜和琴恩以及我們養的十一隻貓，帶給我生活最大的樂趣和前所未有的和諧。我一生住過許多地方，可是只有漢娜堡的兒時舊居和哈特福的這棟薑餅屋被我認定為家。

人家都說我有名，我則說莉薇偉大。她私下喊我「少年郎」，這個暱稱代表一種愛，但也帶有一點諷刺性。我在精神和物質上的習性活脫脫像個年輕人，但是她包容我。我是個本性粗獷的人，好使用強烈的語言，與莉薇的家庭背景極不相襯。結婚的頭十年，我盡量約束自己不用這種語言，實在受不了時，就跑到屋外無人的地方去發洩。

有一天早上，我在浴室內連

續換上三件襯衫，都發現少了鈕釦。一時暴怒大吼，把襯衫一件接一件的丟出窗外。轉身突然發現浴室的門只是虛掩，躺在床上的莉薇必定全聽進去了。我呆坐馬桶上，許久都想不出一個自我解脫的方法，最後，我硬著頭皮，躡手躡腳走出浴室。突然聽到莉薇模仿我剛才說話的語調，一五一十的重複我那粗魯的詛咒。我意想不到自己會說這麼可笑而荒唐的語句，因此非常罪過的請求她原諒。結果我們兩人忍不住臥倒床上大笑，直到喘不過氣為止。吃早飯時，孩子都告狀聽到爸爸說粗話，我只好又認罪一次。

莉薇除了自己修改我的文字之外，還和孩子組成一個審核團，專門審查我的作品。她讀我的文章給孩子聽，如果孩子有異議，她們就聯手修改。這對我們

三個在家裡上私塾的孩子，其實是一個很好的教育機會。有時候我故意用一些不恰當的詞彙，讓她們挑剔，然後我據理力爭，再假裝心不甘情不願的接受修正。孩子們很有勝利感，我也竊喜她們中了我的計。

如果我在家的時候，三個女兒更是纏著我不放，最後逼得我不得不把書房移到三樓的撞球房，遠離二樓的作息室，如此才得專心寫作。但是晚飯後或假日裡，我們常一起玩牌、講故事、演戲、騎驢子、吹肥皂泡、玩比手畫腳的猜謎遊戲等。我心血來潮時，還為她們寫兒歌；甚至設計一套遊戲道具，協助她們記憶英國的王朝歷史＊。

此外，每天的睡前故事，更

放大鏡　＊馬克‧吐溫曾為這套遊戲取得專利權，但因難度高，銷售不佳而作罷。

是叫我記憶深刻。我家壁爐上頭裝飾著我們歷年來旅行所收集的小玩意兒，從最右側的一張貓圖片開始，到最左側的一張少女畫像為止，一共十二個。孩子要求我每天說一個不同的愛情故事，故事內容得包括這十二樣東西，而且得從貓開始，然後以少女畫像作結尾，不能變換次序，也不能預先準備或事後修正。這真是對想像力最大的挑戰，可是我們百玩不厭！

　　在三個女兒中，蘇西最有文學細胞，也跟我最親近。她十三歲時就開始替我寫傳記，雖然錯別字連篇，但是觀察細膩，是對我最忠實的紀錄。如果我在別人眼裡，也是如此透明的話，我這輩子做人處世的功夫不就全白費了嗎？她不但聲明我是她所見過的最可愛的人，而且還替我的大眾形象辯護道:「他被大家公認為

幽默家，其實他擁有的不只是這個，因為他的誠實多過幽默。他有敏銳的滑稽感，總是留意到有趣好玩的故事或事件，而且知道如何把它改編，再說給別人聽，甚至永遠不會忘記……當他和朋友一起時，他很愛開玩笑……但我們獨自在家時，他總談一些誠懇的主題……我認為他更像個哲學家。我想如果他年輕時多讀一些書，他大可以朝那個方向發展。因為他似乎不論對什麼事都喜歡思考……他擁有的才華比使他成名的那種稟賦還要高！」＊知父莫若女，這些洞察力真是讓我既佩服又窩心！

＊摘錄自蘇珊・克林孟斯所著《爸爸：馬克・吐溫的私人傳記》，並附有馬克・吐溫的註解。1985年出版，以紀念馬克・吐溫逝世七十五週年。

音樂與我

莉薇和我都很好客，所以我們家經常高朋滿座。我有時心血來潮，就在那座大鋼琴前自彈自唱，自娛娛人。我很喜愛音樂，但表演起來卻是另一回事。據我那學音樂的二女兒回憶，我彈琴時，手指張得筆直的，不像會彈琴的樣子。因此每次我彈出一個樂音時，就好比奇蹟出現。我唱歌前得先清清喉嚨，然後仰起頭來，眼睛盯著天花板，大聲的唱，看起來很酷！不過我常常修正自己不對的唱腔，有時唱不準音調，乾脆就換個歌唱，非常隨興，聽眾也不介意我的荒腔走板。

其實我早就知道我的歌聲不甚美妙。記得在先前遊歐洲時，受到瀰漫在威尼斯水面上的音樂所感動，我在船上不知不覺高歌

起來，結果才唱了幾句，就發現別的船隻紛紛划走，而我的船伕也幾乎要跳到河裡去，我只好作罷。此外，很少有貓會對音樂有感應，可是獨獨我最心愛的那隻貓兒，每次聽到我唱歌時，就趕緊避開，表達牠對我歌聲的感受。

創作的高峰期

我雖然很活躍於社交，但仍繼續保持寫作和演講。我的寫作習慣，喜歡同時寫幾個不同的故事。文稿常一疊疊的攤放在撞球臺上，誰都不許移動它們。靈感一來的時候，就忽東忽西的塗塗抹抹。而且我是屬於不怎麼平穩的作家，靈感忽隱忽現。所以趁靈感來的時候，就趕緊記錄下來，以後再找機會修改和出版。正因為這樣，我沒有出版的遺稿可能比已出版的還多。

　　真正屬於我自己創作的第一本長篇小說《湯姆歷險記》，起稿於 1874 年，但是到 1876 年的 6 月才在英國首先發行。到我去世前，它已成為我最暢銷的作品*。這本書其實是根據我的青少年時期的經驗和家鄉背景所寫成的小說。裡頭的人物事件都是我和兒時玩伴的親身經歷，也因此它才能如此動人。我一直認為：「經驗是作家最有價值的資產；它為作家的作品注入肉體、氣息和溫熱的血液。」*湯姆的調皮搗蛋，不只吸引兒童讀者，而且也勾起大人的懷舊之情。後來，我又以湯姆為主角，連續寫成《湯姆出國記》和《湯姆神探》。

　　由於盛名之累，我的出版經紀人，一再向我催稿；而我也需要靠寫作養家。1878 年，好友狄其爾與我一起走遍德國和瑞士的

阿爾卑斯山一帶。我將這段經驗寫成《徒步走天涯》，在 1880 年出版。

　　緊接著，我又寫成《乞丐王子》一書。我最喜歡這本書裡使用的 16 世紀英國宮廷式對話，恨不得一直寫下去。我的大女兒蘇西更是這本書的頭號書迷。她帶領著妹妹和鄰居朋友，在莉薇的編導下，還偷偷的排演出一齣戲，獻給我作為禮物。有時候，我還會客串劇中的大英雄俠客韓登，不但過足了戲癮，同時也樂壞了孩子！＊

　　我為了將零星登在雜誌上的

＊一百三十多年來，《湯姆歷險記》從未絕版過，而且至少被翻譯成三十多種語言，版本也超過幾百種。
＊這段話摘錄自馬克・吐溫所著的《莎士比亞死了嗎？》一書，此書於 1909 年出版。
＊後來這個故事好幾次被改編成劇本，有舞臺劇、默片電影、有聲電影、電視劇等，而且連俄國、中國、印度、愛爾蘭等國都將它製作成不同語言的電影。

一系列〈密西西比河舊時光〉散文結集成書，特地和兩個朋友坐火車到聖路易士，然後乘船沿密西西比河，直下紐奧良，重新體驗二十年前我在這條水路上航行時的感受。有一個認得我的老水手，讓我掌了一會兒舵，頓時間我彷彿又回到唯我獨尊、無憂無慮的舵手生活，我真的懷疑離開舵手生涯是不是明智的抉擇。這本書最後在 1883 年出版，取名叫做《密西西比河上的生活》。

此外，我早打算給《湯姆歷險記》寫一個續集。 1876 年第一次動筆時，一個夏天就完成了十六章，非常順利。可是突然間，我的靈感中斷了，再也寫不出半個字來。後來我寫寫停停，在 1883 年，也就是兩度重遊密西西比河，並重溫童年的舊事之後，終於把它寫為與最初的構想全然不同的《頑童流浪記》。兩年以

後，由我自己創辦的「查爾士韋伯斯特出版社」發行。

《頑童流浪記》和《湯姆歷險記》一樣都是講青少年的趣事，可是因為多加入了人類的平等與尊嚴的主題，意義深刻許多！我以姨媽家的黑奴丹尼爾叔叔為藍本，加上姨媽家的佃農路易士和我在哈特福的管家葛立汾的一些影子，創造了誠實、聰明、善良的黑奴「吉姆」，作為故事的中心人物。然後由《湯姆歷險記》中的大醉鬼的兒子哈克＊，以第一人稱敘述他如何協助吉姆逃離南方，到非奴隸區去爭取自由的經過。中途碰上了兩個自稱是國王和公爵的狡猾霸道

放大鏡

＊哈克的全名叫「哈克百瑞‧芬」。「哈克百瑞」其實是哈特福地區盛產的一種野莓，生命力強，似乎在任何惡劣的環境下都可以生存，因此馬克‧吐溫就以它作為這個頑童的名字。哈克沒有父母疼愛，卻仍然可以自由自在的過活，就像這種野莓一樣。

的騙子，險象環生。在故事的結尾，哈克體悟到吉姆不僅充滿摯誠人性，而且還是個很好的朋友，他即使為吉姆下地獄也在所不惜。會這麼說的原因，是因為當時的人都認為如果敢協助黑人逃亡，將來自己的靈魂就不能上天堂。

這本書一出版，就遭到批評。諸如文法不對、不合道德、用詞粗劣等，殊不知我是寫實模仿南方黑人的口吻說話。同時我是有意以一群貪婪、不誠實、腐敗的白人來凸顯吉姆的優點。這顯然超越當時讀者的接受力，我為此感到非常傷心和洩氣！

可慶幸的是，我去世以後，這本書的方言價值逐漸受到肯定。它使美國文學從英國古典文學的束縛中解放，進而樹立了本土文學的典範。海明威說：「現代美國文學始於《頑童流浪記》。」

正是因為這本小說，我才能在美國文壇占上一席地位。

1889年，我又出版了《亞瑟王朝的一個康州洋基客》這本風格迴異的新書。它比威爾斯有名的科幻小說《時間的機器》早出版了六年。我很自豪自己是美國科幻小說的開山祖。

自我陶醉

從寫《天真旅客出國記》到《亞瑟王朝的一個康州洋基客》之間的二十年，是我喜感最發達的時期。有時我看自己的著作，也能忘情大笑。有一次，我從書架上抽出一本書，隨手翻閱，越看越有趣，就不自覺哈哈大笑起來。莉薇正巧走過，問我看的是什麼書，怎麼這麼好笑？我漫不經心的回道：「還沒來得及看書名！」莉薇好奇的翻開封面一看，發現竟是一本我自己的作品！我

常讚賞自己的作品，因為「偶爾的稱讚是維持自尊所必要的。當你得不到別人的讚美，就要自我讚美。」這種坦誠，很獲得大女兒蘇西的尊敬。

　　1880 年代，我既快樂又多產。我有美好的家庭生活，又是人人羨慕的暢銷作家。不但我自己的書和出版公司為我賺錢，連由我的書改編成的舞臺劇，也使我獲利。我感覺彷彿任何東西一經過我的手，不是立刻變成金子，就是鍍上了一層黃金！可惜好景不常，我們一家人的健康和財富，逐漸的亮起紅燈。從此讓我嘗盡人情冷暖，也更加看透人性！

7

彗星隕落

我是 1835 年和哈雷彗星一起來到人間的。明年它又要來了，我盼望和它一起走。如果哈雷彗星再來時，我沒跟它一起走，我會感到很失望。全能的上帝曾經毫不猶豫的說：如今有些不可靠的畸形物，它們一起來，就得一起走。唉！我期待這個現象趕快到來。

——馬克·吐溫，1909年

科技發財夢

1889 年以後，不幸的事接二連三發生。

先是小女兒琴恩開始出現癲癇症狀。次年，我的母親和岳母雙雙病逝。同時莉薇也被診斷出心臟病，我則出現右手臂衰退性疼痛，只好訓練左手寫字。我最

偏愛的大女兒蘇西，也離家去上學。往日的快樂時光似乎逐漸遠離我們而去。

更糟的是，我偏偏不安於寫作，而去追求其他的致富之道——新科技的研發。我一向喜歡新科技，比如我是第一個用打字機寫書的人，我是第一個裝私家電話的人，我是少數把防盜鈴裝在家裡的人，我是第一個將指紋鑑定術寫入偵探小說的人，我還會騎當時剛研發成功的巨輪腳踏車。這種對新科技的嗜好，加上祖傳的發財夢，促使我投資多種發明，並申請專利。但其中只有一個專利真正為我帶來財富，那就是「馬克‧吐溫」這個註冊商標。我的照片出現在好幾種香煙的促銷廣告上。曝光率之高，連美國總統都只有等死後照片被印在錢幣上時，才能與我較量。其他的幾個大小專利，都因種種因

素而血本無歸。尤其是在 1890 年代的早期，我的幾個錯誤的投資，徹底改變了我們全家的命運。

虧本最多的投資是培吉自動排版機＊。由於年輕時的排版經驗，我知道排版自動化的經濟效益。打從 1880 年起，就開始資助培吉自動排版機的研發。這個機器是以機械檢字，速度比最熟稔的人工排版還要快很多倍。 1886 年時，我眼看機器即將設計完成，非常興奮，繼續傾囊甚至借款支援開發，一心盤算著將來的利潤。不幸這個機器速度雖快，

放大鏡

＊培吉自動排版機，高 84 吋，長 136 吋，寬 43 吋，總重量 7550 磅，包括 18000 個活動的零件。馬克‧吐溫第一次看到這部機器時，它最高的排版速度可以比人工快四倍；但是後來逐步改善為十六倍。為了開發這部機器，馬克‧吐溫一共投資了大約 30 萬美元，相當今天的 620 萬美元。這個機器一共只實驗性的裝置了兩部。目前僅存的一部，呈列在馬克‧吐溫博物館中；另一部在第二次世界大戰時，已被當做廢鐵處理。

卻經常拋錨，最後被更先進的印模式排版機搶先上市，而終於淪為古董和廢鐵。

屋漏偏逢連夜雨。我託付外甥女婿韋伯斯特管理的出版公司，原本只出版我自己的作品，利潤很高；後來為了協助已退休而窮途潦倒的南北戰爭名將暨第十七任總統格蘭特，而發行了《美國格蘭特回憶錄》，聲譽更好。可惜等到開始發行其他作家的作品時，因選書不慎，加上經營不善，日漸虧損。

1891 年，我的經濟狀況很糟，於是決定大幅度刪減開銷。哈特福的十九房豪宅、七個傭人以及川流不息的賓客是我們最大的開銷。為了省錢，我們暫時關起大門，住到歐洲去。離開的那天，馬車已經等在大門口，莉薇又回頭依依不捨的走遍屋子的每一個角落，彷彿再也不會回到它

的懷抱。不祥的陰影似乎已經籠罩我們。

以後的四年，我攜家帶眷以及二十五口笨重的行李箱在法國、德國、瑞士和義大利四個國家之間遊走，非常不安定。儘管我數次回美國去設法挽救韋伯斯特出版社，但還是不得不在1894年，正式宣布破產。總債額是十六萬美元的天文數字！＊

這時我債務纏身，真是有家歸不得。我在1893年寫的《百萬鎊大鈔》短篇小說，敘述一個落魄倫敦的美國船員如何利用人性的弱點，以一張借來的《百萬鎊大鈔》招搖撞騙，而終於成功致富的故事。其實那正是我的一個白日夢。如果有像那樣的機遇，

放大鏡
＊據統計，1900年的一美元，大概相當於今天的二十美元。所以當時的十六萬美元大約相當於今天的三百二十萬美元，也就是一億零五百萬新臺幣。

我一定也能脫離貧困。

奇怪的是，我在歐洲依舊受歡迎，彷彿走到哪兒都被認出來。甚至連德國的總理凱撒威爾二世都是我的書迷。有一次我接受他的邀宴，老三喜出望外的說：

「爸爸！如果再這麼下去，我想除了上帝之外，世界上大概沒有人是你不認得的了！」

可是，在美國有許多舊日朋友都紛紛避著我，深怕受到我的連累。我認清銀行家就是出大太陽時借給你傘，快下雨前就要你還傘的那種人。如果沒有借錢這回事，神聖的友誼是多麼甜蜜、穩定、忠實，而且會持續終生。一個敵人可以局部性的毀滅你，可是一個好心的朋友卻可以徹徹底底的毀滅你。我對於人性，徹底失望。人有時真是連禽獸都不如。如果你撿來一隻餓狗，使牠溫飽，牠不會反咬你：這就是狗

與人不同的地方。狗是紳士，我希望死後能進入狗的天堂，而不是人的！

在這段流離失所的日子裡，我繼續寫成幾本書，包括《呆頭呆腦的威爾森》、《湯姆出國記》、《湯姆神探》和《聖女貞德回憶錄》等。其中前三個故事的時代背景都還是我童年的故鄉；但是最後一個故事，則純粹是有史實根據的歷史小說。

1894 年，我適巧認識了又盲又聾的十四歲少女海倫凱勒。我深深被她的智慧和幽默感所吸引，對於她敏銳的觸覺更是衷心佩服。我無力資助她去上大學，因而懇求工業鉅子亨利羅吉捐款幫忙。認識這樣一位繼聖女貞德之後最精彩的女性，激發我把多年來心儀的聖女貞德形象轉換成為文字的決心。它是我有生之年出版的最後一本書，而且海倫的

形象是根據蘇西塑造的，意義深遠。文章發表時，我故意隱姓埋名，以免影響內容的可信度，可是讀者還是很快就摸清作者是誰。

環球演講

1895 年，我和莉薇慶祝二十五週年結婚紀念日，我只送得起她一個小小的法國銅幣。我們不只破產，而且還積欠許多債務。仗義執言的好友羅吉為我們與債主交涉成功，只要抵半償付就可以，也就是說欠一元只要還五角。可是自尊心強的莉薇，堅持每一分錢都要還清，要不然對她的家族是莫大恥辱。為了維護尊嚴，唯一的方法，只有再走上我所痛恨的講臺，以演講所得還債。這時我已五十九歲，漸漸感到體力不如從前；莉薇身體也不很健朗。

我們一家人先回到莉薇娘家度過一個美好的夏天，然後分道揚鑣。老大和老二選擇留住美國；我則帶著莉薇和老三去展開美洲、澳洲、紐西蘭、亞洲和非洲的巡迴演講。出乎意外的，異國的風土人情再一次的吸引我，並重新賦予我生命與創作的活力。這一年內，我乘馬車、火車和船環遊世界，一共作了一百四十場演講！

隔年7月，也就是一週年之後，我們回到倫敦，完成環遊世界之旅。正等著老大和老二從美國來會合時，突然接到蘇西生病的消息。她不幸得到致命的腦膜炎，沒等到莉薇趕回美國，就在幾個親友的陪伴下，死於我們哈特福的老家。我收到電報，如雷劈頂，痛不欲生！莉薇則從此再也沒有勇氣跨進那個家門。

走出債務

寫作是治療心靈傷痕最好的方法。我將環遊世界的見聞寫成《赤道隨影》一書，1897年在倫敦和紐約分別出版。寫這本書時，我的情緒低落，因此不再有我早期旅遊作品裡的那種興奮與驚喜感。若不是在付印前，刪除了好些太消沉的篇章，這本書恐怕更是慘不忍睹！可是批評家說它的幽默感比較自然，而且觀察力也比較敦厚和深沉，因此又成為一本暢銷書。我預期五年要還清債務，沒想到只用了三年就還清，這不能不歸功於我的盛名。

這段期間，受情緒的影響，我也起草了好幾個又長又悲傷的故事，主題不是在探討人生的真實與虛幻，就是講超越凡塵的力量。但是大多數都沒有完稿。《第44號：神祕的陌生人》是少

馬克・吐溫作品欣賞

在紐西蘭，兔瘟首先發生在伯來福。第一個引進兔種的人，雖曾經被表揚和款待過，但如果現在他被人撞著，一定會被絞死。兔子的天敵，在英國會討人厭，而被處死刑；但在伯來福則會受到尊重，而且被奉為神聖……所有的政府多多少少都是眼光短淺的：傳教士在英國會被罰款，所以他早該逃到紐西蘭；因為紐西蘭不但會付他旅費，而且還會給他薪水。

——錄自《赤道隨影》

數有被出版的一本，也是我最後的一個長篇創作，但是它是在我死後才出版的＊。此外好幾個短篇小說，像《腐化海德里巴鎮的人》和《上天堂或下地獄？》等，都是我在這個時期探討人性有感而發的作品。

在生命的最後二十五年，我經常很忠實而熱心的研究人性，這其實也等於是研究我自己。我個人就好比是全人類的濃縮體。我發現人性所有的七情六慾，在我的身上都可以找到，只是分量不盡相同而已。我的個性與別人若有差異，那只是程度上的差別，而不是實質的不同。了解我自己，就等於了解全人類。基於對人性的省思和對社會的關心，我逐漸發展出一種預測未來的能力，因此也有人禮讚我是「預言

＊《第44號：神祕的陌生人》出版於1969年。

家」。

我實在厭倦了靠耍嘴皮賺錢、行無定所的生活，所以在1897年推掉了最後一個很高價的演講合約後，無債一身輕的我和家人先選擇在維也納住了兩年，然後又折回倫敦小住。我仍舊受到讀者和名人貴族的歡迎。雖然不再靠演講賺錢，但還是經常應邀在聚餐會或重要的會議上致辭。這時不必討好聽眾，能夠暢所欲言，感覺甚好。

經過十年來的自我放逐和浪跡天涯，終於倦鳥思歸，決定回國。但是哈特福在這段期間起了很大的變化，老朋友有的搬走，有的去世，而且蘇西就病死在那兒。太多的回憶，讓我們望鄉情怯。最後我帶著莉薇和老二、老三決定暫住紐約，那兒還有一些家庭、出版界和財經界的朋友。

1900年10月15日我們搭的船

駛進紐約港口時，出乎意外的，我受到幾乎像英雄凱旋歸來式的歡迎。不管我走到哪裡，新聞記者都搶著記載我的一言一行。我一路上患得患失的心情，一掃而空。「出國前，我只是個名作家；回國時，我竟成了最有名的美國人。」寫信給我，不用註明地址，就可以送達。我知道人們是被我還債的驚人毅力和個人的榮譽心所感動。此後我便憑著自己的名氣，開始勇敢的發表意見評論時事。我反對美國發展帝國主義、占領菲律賓；我也抨擊比利時在剛果的暴力政權；我更反對西方國家干預中國的義和團。

我的文名越來越高，著作也越來越暢銷。人們稱讚我是「美國文學的林肯」，因為林肯解放了黑奴，我卻解放了美國文學。但是我心裡非常清楚:「其他偉大天才的作品是醇酒，而我的書則

是白水。可是人人都得喝白水。」

「古典文學是人人都希望已經讀過了，卻又沒有人想去讀的東西。」我的著作是給一般大眾讀的文學，而不是用來裝飾書架的古典文學。

失去至愛

我回國的喜悅，很快的就因莉薇的健康問題蒙上陰影。她在流浪的日子裡，勉強打起精神支撐著。回國以後，隨即變得既衰弱又疲倦。後來為了她的健康，我們又搬到氣候比較溫和的義大利佛羅倫斯，一直住到1904年6月她離開人世為止。

「莉薇是我們的財富，而今她走了；她是我們的呼吸，她是我們的生命，而今我們什麼都不是。」

「我是一個沒有國度的人，她住那裡，我就是那國人。而現

在她走了 …… 。」

那天，在她的靈前，我忍不住高唱深印腦海的黑人靈歌來抒發哀慟。更不幸的是，老三的癲癇舊病復發，老二也因而一度精神崩潰。我帶著她們二人悲傷的返回紐約。

其實，自從離開哈特福以後，我勇敢的面對現實、積極還債。多年來，我的身心早已非常疲憊。愛情、快樂、財富和名譽，我樣樣都經歷過，而且也已經看得十分透徹。我覺得死亡會是上天給我的最後的、也是最大的恩賜*。

我一生中見證過無數個親人的死亡。心中不但畏懼死亡，而且每一個親人的死亡，我都認為是我的過失而自責不已。如今，

*馬克・吐溫在 1902 年發表 《人生的五種恩賜》。

我竟勇敢的期待死亡，因為我已
「精通恐懼，而不是沒有恐懼。」

博士袍與白西裝

以後的幾年，我陸續接受一
些遲來的榮譽。美國耶魯大學和
密蘇里大學，以及英國牛津大學
都先後頒贈榮譽博士學位給我。

1907 年到英國接受頒贈時，距離
我第一次乘「貴格市號」船到英
國，正好四十年。此次，不但英
國國王愛德華七世接見我，而且
連我最嚮往的英國經典幽默雜誌
社「綜合飲料」也宴請我——這
對外國人而言，是至高的榮譽。
我對鮮豔的紅色一直有偏愛，因
此經常喜歡披上牛津大學那件灰
紅配搭的博士袍，到處亮相，連
二女兒的婚禮都不例外。

我也喜歡白色的衣服，因為
它可以使像我這把年紀的老人看
起來明亮而有朝氣。 1906 年 12

月，我穿了一套三件頭的全白西裝去出席國會的版權委員會，引起全場的注目。以後我就常穿白西裝出現在公眾場合。雖然女兒對我穿白西裝感到尷尬，但是我不在乎人們的異樣眼光，反而給它取名為「啥都不在乎的西裝」。我一共擁有十四套不同質料的白西裝，可以隨季節和場合更換。此後人們便在我和白西裝之間畫上了等號，白西裝於是成為我最新的註冊商標*。

臨終的告白

1905 年，我的出版經紀人邀請了兩百名貴賓和四十人的管絃樂隊，為我慶祝七十大壽。在晚

放大鏡 ———— *自 1947 年起，郝伯魯克陸續表演馬克・吐溫模仿秀。到 1970 年代，他所演出的「今夜的馬克・吐溫」更成為全國電視網的叫座節目。他所塑造的馬克・吐溫，就是穿白西裝和啣雪茄煙。

會中，我公開了使我長壽的幾個秘訣，但警告大家不可傚尤。我七歲以後絕少吃過藥品；九歲就開始抽煙，而且都是沒有濾嘴的那種。我的唯一原則是「睡覺時絕不抽煙，醒著時不限制抽煙。」我除了寫作、睡覺、休息之外，從來不做運動。我的長壽之道絕不是大家的好典範。

「對於人們把我列入偉大作家的行列，我感到很遺憾！因為偉大作家都有逐漸消失的可悲習性。喬叟死了，史賓塞死了，米爾頓和莎士比亞也都死了，而如今我自己身體也不怎麼好。」

1906 年，我開始指定詹姆士培吉作為我的自傳代筆人。在我的私人祕書琳恩的筆錄下，我們三人每天都一起工作三、四個小時。有時我累了，就乾脆躺在床上說故事。我的思路像天馬行空，覺得什麼有趣，就說什麼。

這是寫我的回憶錄唯一行得通的方法＊。我特別囑咐自傳不得在我死後一百年內出版，因為那上頭全是我的肺腑之言，我不希望任何與我有關的人受到傷害。不過，其中有一小部分還是提早在我生前發表了。

1908 年，我在離紐約市只有五十哩路的康州瑞汀市，蓋了一棟有十八個房間的義大利式別墅，取名「風暴地」，也正是我生前出版的最後一本小說《史東斐爾船長上天堂精華錄》中主角的名字。這時，我隱約感覺到風暴正從四面八方向我推近。建屋的一切策劃與工程細節，我完全不參與，只要求能容得下我的大鋼琴和撞球桌。而且一直等到我

＊馬克・吐溫去世後，培吉和可芮娜繼續合作，不但出版了三大冊馬克・吐溫的自傳，而且還出版了一些不曾付印的馬克・吐溫文稿。

心愛的貓可以蜷縮在溫暖的壁爐前時，我才第一次走進新居。試問除了貓之外，誰有資格當房子的主人？

可是老三經常進出醫院，老二為音樂事業常住到歐洲，我成了孤獨老人。我的身體狀況開始走下坡，有心絞痛的毛病，我相信那是一天四十根香煙的後果。好心的讀者紛紛寄給我各種祖傳秘方，秘方多到編號可長達兩、三千。

我是個無可救藥的樂觀老人，依舊旅遊、撞球、演講。但我對寫童年或旅遊的故事不再感興趣，也比較不對社會現象作尖酸刻薄的批評，反而開始創作一些探討人生黑暗面的文字。《亞當與夏娃的日記》、《什麼是人？》、《史東斐爾船長上天堂精華錄》等，都是這個時期的作品。

其實，「每一個人都是可憐的。幽默的神祕來源是悲傷，而不是快樂。在天堂裡，沒有幽默。」我晚年並無意為幽默而幽默。如果此時我的作品有幽默感，那完全是偶然的。我最關心的只是文章的寓意，因為我一輩子都是以教育大眾為自己的職責。

此時，「我理想中的生活，包括好友、好書和沉睡的良心。」我最享受的時光是邀朋友來家裡聚會，尤其是天真無邪的小女孩最使我開心。她們讓我重溫以前與三個女兒的甜蜜往事，因此，我戲稱她們為魚缸裡的「天使魚」，有時還帶她們一起出遊。

1909 年 10 月老二結婚，住到歐洲。經過老三精心籌劃，一家人好不容易於聖誕夜在瑞汀的新家團聚，重溫往日天倫之樂。第二天清晨，二十九歲的老三，突

然癲癎發作，死於浴室。她自小心地善良，特別喜愛動物。猶記得不久以前，我才為她寫了〈一隻狗的故事〉的文章，反對以動物作科學實驗。如今白髮送黑髮，我實在禁不起這個突來的打擊，只能坐在窗口目送她的棺柩在暴風雪中被運出家門。我一心期待趕快與莉薇、蘇西和琴恩在伊爾美拉的家族墓園重聚……。

　　獨居時，我常常在屋外長廊踽踽獨行或靜坐沉思。回想人的一生，總是被時勢所主宰。面對當下時勢，我就用一時的興致去因應。「我是隨著興致做事的那種人。總是先做，然後才思考。……在我的一生中，隨興所致的個性從未有絲毫的改變。我多少次受到這種先做後想的習性的懲罰，而且總是非常痛苦的；可是我還是依舊受制於時勢和興致，事後才思考，而且永遠是用粗暴

的方式。當我必須思考的時候，連聾子都聽得見我的思路。」*

小時候我為了逃學故意感染痲疹，才被送去當印刷學徒；去不成亞馬遜作生意，才當了舵手；南北戰爭爆發，使我去了西部；淘金不成，才讓我當成新聞記者；去了夏威夷，才使我跨上演講臺；走了一趟聖地之旅，才使我變成專業作家……我真的很少依計畫行事。而我事先計畫的事，也很少成功。

此外，我既是南方人，又是北方佬；既是西部俠客，又是東部紳士。我被公認為成功的作家，卻又是最失敗的企業家。我深愛妻子和女兒，卻又經常為名利而忽略她們。我更經常分不清山姆和馬克‧吐溫的界線。他們

放大鏡 ＊這段文字錄自馬克‧吐溫《我生命的幾個轉捩點》，1910 年演講稿。

就像孿生兄弟一樣，不但令人眼花撩亂，而且連當事者也常失去辨識能力。幸好，我並不期望被了解；只要不被遺忘，我便心滿意足。

哈雷彗星每隔七十五年出現一次。我是 1835 年和哈雷彗星一起來到人間的。既然一起來，就要一起走。我堅持葉落歸根，1910 年初在百慕達度假時，因身體不適，於是匆匆整裝回國，等待彗星的召喚。

同年 4 月 19 日是哈雷彗星的近地點。21 日太陽下山時，我在昏睡多日後突然醒來，輕聲告別守在病榻旁的唯一親人——二女兒可芮娜，然後心平氣和的追隨哈雷彗星，遠離凡塵⋯⋯。

我早就說過：只有得上帝寵愛的，才能進入天堂之門。我絕不帶狗與我同行，因為最後進入天堂的可能是牠，而不是我！

附　錄

馬克・吐溫自傳代筆人裴吉曾說：「他不是讓你在一天內、一星期內、或一個月內就可以了解的人。有些認識他很久的朋友，根本一點都沒了解他。」我在寫這本傳記時，徹底體會了這句話的真實性。

馬克・吐溫從小就喜歡受注目，又常愛作發財夢。因此他很懂得掌握時機，更精於包裝自己、建立形象。掌握時機，賦予他成功，但也帶給他失敗。包裝自己、建立形象，使他成了 19 世紀後半葉和 20 世紀初葉美國文壇曝光率最高的作者，但也彷彿向讀者施了障眼法。

他去世後，僅存的家庭成員二女兒可芮娜執意要維護父親的美好形象，禁止發表任何有損他既定形象的舊稿，這更使世人無法看到馬克・吐溫的真面貌。不過，也因而留給後世學者更多的空間，去繼續探討這位美國文壇長生不老的頑童。

讀馬克・吐溫的作品，的確是一種享受。他的幽默詼諧，有時讓我會心而笑，有時讓我拍案叫絕。他那宛轉周折的思路，常讓我有恍然大悟的喜悅。他那直指人性弱點的勇氣，更讓我佩服。

更重要的是，他的作品總讓我有想與人分享的衝動。誠如馬克・吐溫所說：「悲傷可以自理，但是歡樂必須與人分享，才能達到最高的價值。」這本書寫作期間，我每寫完一章，就立刻傳給遠在加州的老友小琪，與她分享馬克・吐溫的幽默與智慧，並交換心得。這種互相切磋的樂趣，非常讓我珍惜。

馬克‧吐溫的生命太豐富，他的作品呈現了太多人性的衝突，也牽涉到太多的歷史和文化。這本小小的傳記所遺漏的部分恐怕比包括的還多。我唯一的希望，是藉它來引起年輕朋友閱讀馬克‧吐溫著作的興趣。

　　最後容我藉頑童哈克在《頑童流浪記》裡的一句話作為本書結語：「如果早知道寫一本書有這麼多麻煩，我當時絕不會去和它搏鬥，而且將來也不會。」

本書作者林麗雪在康州哈特福市的馬克‧吐溫故居前留影。

馬克・吐溫 重要著作簡介

馬克・吐溫的著作約有三十本，這裡只依年代簡短介紹他的重要著作。

《天真旅客出國記》1869 年

生動的敘述馬克・吐溫第一次旅遊歐洲和耶路撒冷聖地的見聞。 對於歐洲的歷史和《聖經》已有基本常識的人，比較能欣賞它。

《苦行記》1872 年

記錄馬克・吐溫在美國大西部的經驗， 充滿了有趣的人物和令人興奮的故事。年輕的讀者固然會喜歡它，但是年紀稍大的讀者會更欣賞它。

《鍍金年代》1873 年

是馬克・吐溫與鄰居華納合寫的小說。 書中最前面的十一章是描述馬克・吐溫自己的家族史，非常生動，適合年輕讀者口味；以後的章節就稍嫌沉悶。

《湯姆歷險記》1876 年

這本書描述聰明而調皮的少年湯姆， 在一個漫長的夏天裡所發生的趣事。由於它幾乎是作者自己少年生活的縮影，故事情節活潑生動而逼真，任何年齡的讀者都能百讀不厭。它是馬克・吐溫家喻戶曉的兩本名著之一，也是他獨立創作的第一本小說。

《徒步走天涯》1880 年

敘述一個正經八百的人和一個滑稽有趣的伙伴在德國、瑞士、法國和義大利等地旅遊的觀感。其中有關萊茵省和阿爾卑斯山的描述,比較適合年紀稍大的讀者。這是馬克・吐溫比較不暢銷的一本遊記。

《乞丐王子》1881 年

這本書的背景是 16 世紀的英國。兩個相貌神似的男孩,一個是王子,一個是乞丐,陰錯陽差的調換了身分,而造成許多戲劇效果。作者一邊描述書中兩位主角的驚險經歷,一邊帶領讀者了解英國的歷史,非常受年輕讀者的喜愛。

《密西西比河上的生活》1883 年

這本書有十七萬字,是馬克・吐溫最厚的一本著作。其中寫馬克・吐溫拜師行船的經驗和漢娜堡的童年的一些章節,非常吸引年輕讀者。

《頑童流浪記》1884 年

這是《湯姆歷險記》的續集,但是故事主題與前集全然不同。頑童哈克用幽默的方式,敘述他協助黑奴吉姆爭取自由的驚險過程,很受年輕讀者歡迎。但成人讀者也許更能體會作者的言外之意。這是馬克・吐溫的經典代表作。

《亞瑟王朝的一個康州洋基客》1889 年

敘述一個 19 世紀的現代人被打昏之後,不知不覺的跌入第 6 世紀的英國亞瑟王朝。他用 19 世紀的科技和知識,克服許多困境,並贏得亞瑟王和民眾的信任。但是他始終無法化解大魔術師和教會的敵意。

最後大魔術師施魔法，讓他沉睡十三世紀，終於在 19 世紀復甦，回到當今現實。由於歷史背景的關係，比較適合大人閱讀。

《美國佬的貴族夢》1892 年
這是《鍍金年代》的續集，描述一個美國人夢想成為英國貴族，可是另外一個英國貴族的後代卻又嚮往美國的平民生活。內容滑稽可笑，但比較適合成人閱讀。

《呆頭呆腦的威爾森》1894 年
寫一個看起來笨頭笨腦的年輕律師，如何用指紋鑑定術，揭發一對被調包的小孩的身世之謎。這個故事證明人種的基本差異，而且再一次抨擊黑奴制度。適合青少年讀者。

《湯姆出國記》1894 年
是依據馬克·吐溫 1867 年北非之旅的經驗，寫湯姆、哈克和黑奴吉姆坐熱汽球橫跨北非，見識各種稀奇古怪的風俗和景物。適合不同年齡的讀者。

《湯姆神探》1896 年
敘述湯姆和哈克在阿肯色碰上一件謀殺案，湯姆如何用他的機智破案的經過。適合不同年齡的讀者。

《聖女貞德回憶錄》1896 年
敘述法國 14 世紀時的聖女貞德英勇的故事，完全脫離馬克·吐溫一向寫作的風格。比較受女性讀者歡迎。

《赤道隨影》1897 年

記錄馬克‧吐溫在澳洲、紐西蘭、印度和南非的旅遊所見；缺少作者早期遊記的幽默筆調，但是有許多不同文化的比較對照。適合成人讀者。

《亞當日記精華錄》1904 年
《夏娃日記精華錄》1906 年

描述想像中伊甸園的生活，非常具有娛樂性。故事不長，適合各種年齡層的讀者。

《史東斐爾船長上天堂精華錄》1909 年

這本書從起草到出版，相距四十年，但一共只出版了六章。描述史東斐爾船長死後升天，碰到老船員的有趣故事。適合年紀比較大的青少年讀者。

以上所列馬克‧吐溫的重要著作，往往有許多不同版本。最好的英文版本大多由加州大學、牛津大學或現代圖書館印行。

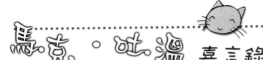

馬克・吐溫嘉言錄 （馬克・吐溫博物館提供）

- 人類是唯一會臉紅或需要臉紅的動物。
- 當有人注意時，我們不該犯錯。
- 對不值得知道真情的人，絕不要說實話。
- 在父母面前，永遠要聽話。
- 當心靈飢餓時，肚子填飽了也沒有意義。
- 沒有一件事比改變別人的習慣更必要。
- 個性是一切成就的建築師。
- 如果你有上司或長輩的話，一定得尊重他。
- 維護原則的最佳方法是富裕。
- 良心不安，就像嘴裡有根毛髮。
- 除了年老的樂觀者之外，世界上沒有任何事比年輕的悲觀者更可悲。
- 建築師無法教大自然任何東西。
- 有新觀念的人都被視為瘋子，除非這個觀念已被接受。
- 如果你能不死而等待，好事總會到來。
- 貧窮是眾惡之源。
- 旅遊能消除偏見。
- 不贊同自己的人，就不可能舒坦。

- 做個好人，你會覺得寂寞。
- 榮譽比法律更難伺候。
- 永遠做得對，可取悅某些人，卻會震驚其餘的人。
- 當有猶豫時，就說真話。
- 今天先盡你的責任，明天再後悔吧。
- 有說服力的演說是世上最能迷惑思慮的東西。
- 如果你說實話，你就什麼都不必記得。

馬克‧吐溫美國境內足跡圖

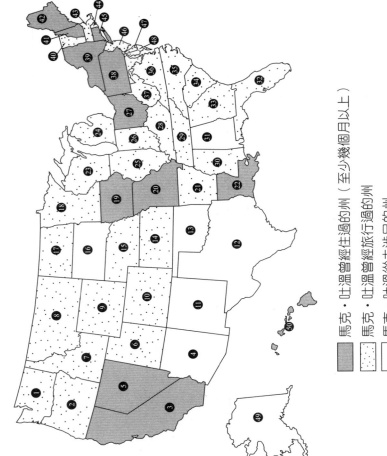

馬克‧吐溫曾經住過的州（至少幾個月以上）

馬克‧吐溫曾經旅行過的州

馬克‧吐溫從未涉足的州

1	華盛頓	26	印第安那
2	俄勒岡	27	俄亥俄
3	加利福尼亞	28	肯達基
4	亞利桑那	29	田納西
5	內華達	30	密西西比
6	猶他	31	阿拉巴馬
7	愛達荷	32	佛羅里達
8	蒙特拿	33	喬治亞
9	懷俄明	34	南卡羅來納
10	科羅拉多	35	北卡羅來納
11	新墨西哥	36	維吉尼亞
12	德克薩斯	37	西維吉尼亞
13	俄克拉荷馬	38	賓夕凡尼亞
14	肯薩斯	39	紐約
15	內布拉斯加	40	佛蒙特
16	南達科塔	41	新罕布夏
17	北達科塔	42	緬因
18	明尼蘇達	43	麻薩諸塞
19	愛荷華	44	羅德島
20	密蘇里	45	康乃迪克
21	阿肯色	46	新澤西
22	路易西安那	47	德拉威
23	威斯康辛	48	馬里蘭
24	密西根	49	阿拉斯加
25	伊利諾	50	夏威夷

馬克‧吐溫環球之旅足跡圖（1895～1896）

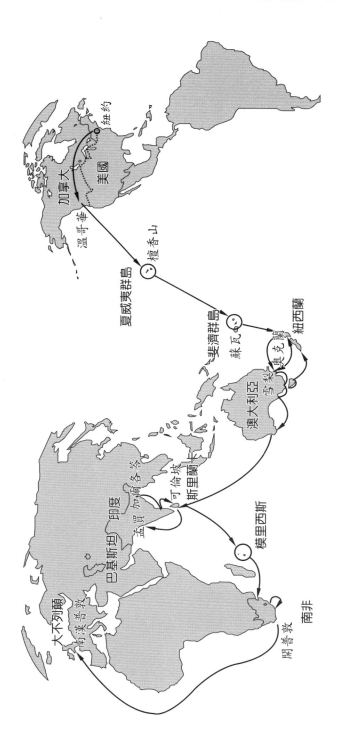

紐約（美國）→溫哥華（加拿大）→檀香山（夏威夷）→蘇瓦（斐濟群島）→奧克蘭（紐西蘭）→雪梨（澳大利亞）
→可倫坡（斯里蘭卡）→孟買（印度）→模里西斯→開普敦（南非）→南漢普敦（大不列顛）

馬克・吐溫

1835 年	11 月 30 日，山姆（即馬克・吐溫）出生於密蘇里州的佛羅里達鎮。
1837 年	英國維多利亞女王登基。
1838 年	弟弟亨利出生。
1839 年	一家人遷居密蘇里州的漢娜堡。
1847 年	父親病逝。山姆輟學，至報社當排版工人。
1853 年	到東部的幾個大城擔任印刷工人。
1855 年	到大哥歐立昂在愛荷華的報社工作。
1856 年	到辛辛那堤擔任印刷工人。
1857 年	開始在密西西比河上擔任舵手。
1858 年	弟弟亨利去世。
1859 年	內華達州西部發現金礦。
1860 年	林肯當選美國總統。飛馬快遞郵政系統開始營運。
1861 年	美國南北戰爭爆發。結束舵手生涯。隨大哥歐立昂到內華達的卡爾森市。

1862 年　在內華達州維吉尼亞市當記者。

1863 年　開始以「馬克・吐溫」為筆名。

1864 年　遷居舊金山。

1865 年　美國南北戰爭結束。

1866 年　擔任駐夏威夷的特派記者；回到舊金山後首次公開演講，
　　　　　並一路旅行演講到紐約市。

1867 年　搭乘「貴格市號」郵輪到歐洲參觀旅遊。出版第一本短篇
　　　　　小說集《卡樂維洛思鄉的著名跳蛙及其他小品》。

1869 年　《天真旅客出國記》出版。成為《水牛城快訊》的股東之
　　　　　一。第一條橫跨北美洲的火車完工。

1870 年　與奧莉薇・朗登（小名莉薇）結婚，住在紐約州水牛城。

1871 年　搬到康乃迪克州的哈特福市。

1872 年　長女蘇珊（小名蘇西）出生。《苦行記》出版。

1873 年　《鍍金年代》出版。

1874 年　二女兒可芮娜出生；一家人住進哈特福豪宅。

1876 年　《湯姆歷險記》出版。

1878 年　全家出遊歐洲。

1879 年　結束歐洲之旅。

1880 年　《徒步走天涯》出版。三女兒琴恩出生。

1881 年　《乞丐王子》出版。

1882 年　重訪密西西比河。

1883 年　《密西西比河上的生活》出版。

1884 年　《頑童流浪記》出版。

1889 年　《亞瑟王朝的一個康州洋基客》出版。

1890 年　母親去世。

1891 年　一家人旅居國外。

1892 年　《美國佬的貴族夢》出版。

1894 年　《呆頭呆腦的威爾森》和《湯姆出國記》出版。宣布破產。

1895 年　巡迴世界演講。

1896 年　長女蘇珊病死，結束巡迴世界演講。《湯姆神探》、《聖女貞德回憶錄》出版。

1897 年　大哥歐立昂去世。《赤道隨影》出版。

1898 年　美國與西班牙戰爭；美國將夏威夷併入版圖。

1899 年　南非爆發戰事。

1900 年　全家返回美國。

1901 年　維多利亞女王駕崩。山姆接受耶魯大學榮譽博士學位。

1902 年　接受密蘇里大學榮譽博士學位。

1904 年　奧莉薇和山姆的大姐潘蜜拉相繼去世。《亞當日記精華錄》
　　　　　出版。

1906 年　《夏娃日記精華錄》出版。

1907 年　接受牛津大學榮譽博士學位。

1908 年　定居康州瑞汀市。

1909 年　二女兒可芮娜結婚；三女兒琴恩去世。《史東斐爾船長上天
　　　　　堂精華錄》出版。

1910 年　4 月 21 日，死於瑞汀市家中。

獻給孩子們的禮物

「世紀人物100」

訴說一百位中外人物的故事

是三民書局獻給孩子們最好的禮物！

◆ 不刻意美化、神化傳主，使「世紀人物」更易於親近。

◆ 嚴謹考證史實，傳遞最正確的資訊。

◆ 文字親切活潑，貼近孩子們的語言。

◆ 突破傳統的創作角度切入，讓孩子們認識不一樣的「世紀人物」。

藝術家系列

榮獲2002年
兒童及少年讀物類金鼎獎

第四屆
人文類小太陽獎

～帶領孩子親近二十位藝術巨匠的心靈點滴～

喬 托	達文西	米開蘭基羅	拉斐爾
拉突爾	林布蘭	維梅爾	米 勒
狄 嘉	塞 尚	羅 丹	莫 內
盧 梭	高 更	梵 谷	孟 克
羅特列克	康丁斯基	蒙德里安	克 利

兒童文學叢書

第一次系列

生命不能重來，童年無法NG

提供孩子生活所需的智慧維他命，
與孩子共享生命中的成長初體驗！

我的蟲蟲寶貝

一套充滿哲思、友情與想像的故事書
展現希望、驚奇與樂趣的
『我的蟲蟲寶貝』！

想知道

迷糊可愛的毛毛蟲小靜，為什麼迫不及待的想「長大」？

沉著冷靜的螳螂小刀，如何解救大家脫離「怪傢伙」的魔爪？

膽小害羞的竹節蟲阿比，意外在陌生城市踏出「蛻變」的第一步？

老是自怨自艾的糞金龜牛弟，竟搖身一變成為意氣風發的「聖甲蟲」？

熱情莽撞的蒼蠅依依，怎麼領略簡單寧靜的「慢活」哲學呢？

國家圖書館出版品預行編目資料

文壇頑童：馬克・吐溫／林麗雪著;王緋繪.－－初版
二刷.－－臺北市:三民, 2010
　　面;　公分.－－(兒童文學叢書／世紀人物100)

　　ISBN 978-957-14-4963-0　(平裝)

　　1.吐溫(Twain, Mark, 1835-1910) 2.傳記 3.通俗作
品

785.28　　　　　　　　　　　　　　　96025131

© 　文壇頑童：馬克・吐溫

著 作 人	林麗雪
主　　編	簡　宛
繪　 者	王　緋
發 行 人	劉振強
著作財產權人	三民書局股份有限公司
發 行 所	三民書局股份有限公司
	地址　臺北市復興北路386號
	電話　(02)25006600
	郵撥帳號　0009998-5
門 市 部	(復北店) 臺北市復興北路386號
	(重南店) 臺北市重慶南路一段61號
出版日期	初版一刷　2008年2月
	初版二刷　2010年9月修正
編　　號	S 782090

行政院新聞局登記證局版臺業字第○二○○號

有著作權・不准侵害

ISBN　978-957-14-4963-0　（平裝）

http://www.sanmin.com.tw　三民網路書店
※本書如有缺頁、破損或裝訂錯誤，請寄回本公司更換。